新时代法律法规机制研究书系

中国流通领域食品安全法律规制研究

陈金玲／著

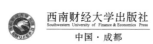

西南财经大学出版社
Southwestern University of Finance & Economics Press
中国·成都

图书在版编目(CIP)数据

中国流通领域食品安全法律规制研究/陈金玲著.
成都:西南财经大学出版社,2024.7. --ISBN 978-7-5504-6275-5
Ⅰ.D922.164
中国国家版本馆 CIP 数据核字第 2024F5N559 号

中国流通领域食品安全法律规制研究
ZHONGGUO LIUTONG LINGYU SHIPIN ANQUAN FALÜ GUIZHI YANJIU

陈金玲　著

责任编辑:张　岚
责任校对:廖　韧
封面设计:墨创文化
责任印制:朱曼丽

出版发行	西南财经大学出版社(四川省成都市光华村街55号)
网　　址	http://cbs.swufe.edu.cn
电子邮件	bookcj@swufe.edu.cn
邮政编码	610074
电　　话	028-87353785
照　　排	四川胜翔数码印务设计有限公司
印　　刷	成都市火炬印务有限公司
成品尺寸	170 mm×240 mm
印　　张	13.75
字　　数	222 千字
版　　次	2024 年 7 月第 1 版
印　　次	2024 年 7 月第 1 次印刷
书　　号	ISBN 978-7-5504-6275-5
定　　价	78.00 元

序

为顺应时代需要，2009 年国家废止了施行多年的《中华人民共和国食品卫生法》（简称《食品卫生法》），颁布了《中华人民共和国食品安全法》（简称《食品安全法》），将食品安全的治理上升到法律层面。为更好地保护民众"从农田到餐桌"的食品安全，面对《食品安全法》实施后出现的新问题和《食品安全法》没有解决的问题，国家鼓励和支持学界开展与食品安全相关的基础研究、应用研究，为《食品安全法》修订做准备。

天津科技大学的食品专业在全国同专业中排名靠前，师资力量和科研能力雄厚，值此时机，学校在经济管理学院成立食品安全战略与管理研究中心，整合食品专业、经济管理专业、法学专业等多专业力量共同研究食品安全问题，笔者有幸成为天津科技大学食品安全战略与管理研究中心研究员。之后，学校和食品安全战略与管理研究中心多次组织各方面专家到校开展讲座，举办食品安全相关的国际和国内交流会议，使笔者对食品生产、食品添加剂生产、食品加工、食品安全管理等有了全方位的学习和了解。结合法学专业知识，笔者开始研究食品安全的法律规制问题。在学校的支持和鼓励下，2013 年笔者申报了教育部人文社会科学研究项目——我国流通领域食品安全监管的法律规制研究，并有幸获得了立项，项目批准号为 13YJC820008。

在项目研究期间，《食品安全法》于 2015 年进行了修订，《食品安全法》的相关内容需要更新。为了更好地研究修订后出现的新问题，笔者申请延长了项目研究时间。经过 5 年的潜心研究，该项目于 2018 年顺利结项。在这个项目基础上，笔者在 CSSCI 期刊《宏观经济研究》上发表了一篇论文，且该论文有幸成为当期期刊封面文章。后又在《燕山大学学报（哲学社会科学版）》等刊物上发表了多篇论文。后续还有一些新的研究成果尚待发表。2023 年，该项目获天津科技大学社科专项资金支持，本书就是笔者在该项目研究成果的基础上撰写的，是其后续研究成果。在此，对天津科技大学和西南财经大学出版社对本书出版给予的大力支持表示感谢。

本书立足于中国大陆地区流通领域的食品安全，对中国流通领域食品安全法律规制的相关理论进行深入分析与研究。希望通过笔者的努力，帮助学界和立法机构探寻具有中国特色的流通领域食品安全法律规制之路，为我国食品安全法制的日趋完善贡献力量。

本书对我国流通领域食品安全法律规制进行了较为全面的整理和剖析，可以为我国各级市场监督管理部门对流通领域食品安全监督管理执法提供法律适用指引，也可以为我国基层、中级法院审理流通领域食品安全民事、刑事案件提供理论和法律适用的参考。

陈金玲

2024 年 3 月

目录

第一章 中国流通领域食品安全概述

第一节 食品流通领域概述

一、食品的概念与分类

（一）食品的概念

按《食品工业基本术语》（GB 15091—1994）对食品的定义，食品是可供人类食用或饮用的物质，包括加工食品、半成品和未加工食品，不包括烟草或只作药品用的物质。按《食品安全法》对食品的定义，食品是指各种供人食用或者饮用的成品和原料以及按照传统既是食品又是药品的物品，但是不包括以治疗为目的的物品。食品的定义将食品与专门用于治疗的药品区分开来，包括单独食用的食品和"医食同源"的食品。

（二）食品的分类

按照食品的原料和加工工艺，食品分为粮食加工品，食用油、油脂及制品，调味品，肉制品，乳制品，饮料，方便食品，饼干，罐头，冷冻饮品，速冻食品，薯类和膨化食品，糖果制品（含巧克力及制品），茶叶，酒类，蔬菜制品，水果制品，炒货食品及坚果制品，蛋制品，可可及焙烤咖啡产品，食糖，水产制品，淀粉及淀粉制品，糕点，豆制品，蜂产品，特殊膳食食品及其他食品共 28 大类 525 种。[①]

在食品安全法领域，主要根据两种分类标准对食品进行分类。

---

① 中华人民共和国国务院新闻办公室. 中国的食品质量安全状况 [R]. 北京：2007.

1. 根据食品的使用人群分类

根据食品的使用人群，将食品分为一般食品（食用农产品、加工食品、半成品、转基因食品等）和特殊食品（保健食品、特殊医学用途配方食品、婴幼儿配方食品等）。一般食品供普通人群食用，国家标准《食品工业基本术语》将一般食品定义为：可供人类食用或饮用的物质，包括加工食品、半成品和未加工食品，不包括烟草或只作药品用的物质。特殊食品是特殊人群因病或特殊生理需求而食用的食品。

（1）食用农产品

《食用农产品市场销售质量安全监督管理办法》第四十九条规定：食用农产品，指来源于种植业、林业、畜牧业和渔业等供人食用的初级产品，即在农业活动中获得的供人食用的植物、动物、微生物及其产品，不包括法律法规禁止食用的野生动物产品及其制品。即食食用农产品，指以生鲜食用农产品为原料，经过清洗、去皮、切割等简单加工后，可供人直接食用的食用农产品。《食品安全法》中的食用农产品又称为"供食用的源于农业的初级产品"。

（2）加工食品

根据联合国粮食及农业组织认可的国际食品分类标准"NOVA"，加工食品是指新鲜食物经过盐、糖或其他烹饪成分制成的食品，它们不会改变食物结构，如罐装蔬菜、鱼罐头、奶酪等。

（3）半成品

2023 年 6 月 15 日国家市场监督管理总局发布的第 78 号令《食品经营许可和备案管理办法》规定，半成品指原料经初步或者部分加工制作后，尚须进一步加工制作的非直接入口食品，不包括贮存的已加工成成品的食品。

（4）转基因食品

《转基因食品卫生管理办法》规定，转基因食品指利用基因工程技术改变基因组构成的动物、植物和微生物生产的食品和食品添加剂，包括：转基因动植物、微生物产品；转基因动植物、微生物直接加工品；以转基因动植物、微生物或者其直接加工品为原料生产的食品和食品添加剂。

（5）保健食品

保健食品是相对于一般食品而言的食品。《食品安全国家标准 保健食品》（GB 16740—2014）将保健食品定义为：声称并具有特定保健功能或者以补充维生素、矿物质为目的的食品；即适用于特定人群食用，具有调节机体功能，不以治疗疾病为目的，并且对人体不产生任何急性、亚急性或慢性危害的食品。

（6）特殊医学用途配方食品

《特殊医学用途配方食品临床管理专家共 识（2021）版》将特殊医学用途配方食品定义为：为满足进食受限、消化吸收障碍、代谢紊乱或者特定疾病状态人群对营养素或膳食的特殊需要，专门加工配制而成的配方食品。该类产品必须在医师或临床营养师指导下单独或与其他食品配合使用。

（7）婴幼儿配方食品

《食品安全国家标准 婴儿配方食品》（GB10765—2021）规定，婴儿配方食品包括乳基婴儿配方食品和豆基婴儿配方食品两种，适于正常婴儿食用，其能量和营养成分能够满足 0~6 月龄婴儿的正常营养需要。乳基婴儿配方食品指以乳类及乳蛋白制品为主要蛋白来源，加入适量的维生素、矿物质和（或）其他原料，仅用物理方法生产加工制成的液态或粉状产品。它适于正常婴儿食用，其能量和营养成分能够满足 0~6 月龄婴儿的正常营养需要。豆基婴儿配方食品指以大豆及大豆蛋白制品为主要蛋白原料，加入适量的维生素、矿物质和（或）其他原料，仅用物理方法生产加工制成的液态或粉状产品。它适于正常婴儿食用，其能量和营养成分能够满足 0~6 月龄婴儿的正常营养需要。《食品安全国家标准 较大婴儿配方食品》（GB10766—2021）规定，较大婴儿配方食品包括乳基较大婴儿配方食品和豆基较大婴儿配方食品两种，适于正常较大婴儿食用，其能量和营养成分能够满足 6~12 月龄较大婴儿的部分营养需要。乳基较大婴儿配方食品指以乳类及乳蛋白制品为主要蛋白来源，加入适量的维生素、矿物质和（或）其他原料，仅用物理方法生产加工制成的产品。豆基较大婴儿配方食品指以大豆及大豆蛋白制品为主要蛋白原料，加入适量的维生素、矿物质和（或）其他原料，仅用物理方法生产加工制成的产品。《食品安全国家标准 幼儿配方食品》（GB10767—2021）规定，婴儿配方食品适用于 12~36 月龄幼儿，是以乳类及乳蛋白制品和（或）大豆及大豆蛋白制品为主要蛋白来源，加入适量的维生素、矿物质和（或）其他原料，仅用物理方法生产加工制成的产品。它适于幼儿食用，其能量和营养成分能满足正常幼儿的部分营养需要。

2. 根据包装特征不同分类

根据包装特征不同，将食品分为散装食品、预包装食品。

（1）散装食品。《食品经营许可和备案管理办法》规定，散装食品指在经营过程中无食品生产者预先制作的定量包装或者容器、需要称重或者计件销售的食品，包括无包装以及称重或者计件后添加包装的食品。在经营过程中，食品经营者进行的包装，不属于定量包装。

（2）预包装食品。《预包装食品标签通则》（GB 7718—2011）将预包装食品定义为：预先定量包装或者制作在包装材料和容器中的食品，包括预先定量包装以及预先定量制作在包装材料和容器中并且在一定量限范围内具有统一的质量或体积标识的食品。《食品安全法》规定，预包装食品指预先定量包装或者制作在包装材料、容器中的食品。

二、商品流通领域的概念与特征

（一）商品流通领域的概念

流通，即商品的运动过程，是商品从生产领域向消费领域的运动过程，由售卖过程和购买过程构成，它是社会再生产的前提和条件。[①] 商品流通是商品从生产者手中向消费者手中运动的过程，并衍生出商品流通领域这一特殊的环节。

商品流通领域，也即商品流通环节，是商品由生产领域向消费领域转移过程中不同交换主体间的经济联系组合方式及相关业务活动组合方式的综合。它表现为两种形式：一是商品流通的经营环节；二是商品交换过程中为实现商品流通职能而从事的相关业务活动构成的职能环节，主要有商品购进、商品运输、商品保管、商品销售四大业务环节。[②]

（二）商品流通领域的特征

1. 商品流通领域的商品具有用于交换和劳动产品的特征

商品流通领域中的商品因消费者的生产生活需要而涉及社会的方方面面，种类繁多，应有尽有。商品是用于交换的劳动产品，流通领域的商品也呈现出用于交换和劳动产品的两个特征。生产者用付出劳动生产出的产

---

① 李洪生. 食品流通安全监督管理与实务 [M]. 北京：中国劳动社会保障出版社，2010：6.
② 王小平. 商品流通学 [M]. 北京：中国人民大学出版社，2011：65.

品与经营者交换货币，然后经营者用从生产者处购买的商品直接与消费者交换货币，或者将商品与另一位经营者交换货币，转由另一位经营者完成商品与消费者货币的交换，从而使商品到达流通领域的终端——消费者，完成"商品—货币"的交换过程。

2. 商品流通领域有直接参与者和间接参与者

商品流通领域主要有三方面的参与者：生产者、经营者和消费者。商品从生产者处生产出来，最终需要去到消费者手中。生产者为少数，而消费者人数众多，生产者希望产品被更多的消费者使用，经营者由此产生，他们专门负责从生产者处购入商品，然后卖到更为广泛的消费者手中。经营者少则一个，多则很多个，经营者数量的多少对不同的商品而言可能因时间、地点等诸多客观原因而存在很大差异。

因商品流通的需要，商品流通领域的主要参与者需要与多方发生联系，由此产生诸多商品流通领域的间接参与者。其一，由于生产者、经营者与消费者中间存在空间距离和时间间隔，商品不能及时送达消费者，由此产生了商品运输和商品保管，可以由生产者和经营者负责商品运输和商品保管，也可以由生产者和经营者委托专门经营商品运输和商品保管的企业或个人代为进行商品运输和商品保管，商品运输者和商品保管者成为商品流通领域的间接参与者，因为商品特性不同，又产生冷链运输、仓库保管、代保管等多种形式的商品运输和商品保管。其二，生产者、经营者向消费者出售商品需要一定的经营场所，比如需要租赁专门的门店、集中交易市场的柜台、展销会的展位、网络食品交易第三方平台等，由此产生商品的市场经营者。

3. 商品流通领域有两种商品流通模式

商品流通模式一般有两种：一种是生产者直接将生产的产品出售给消费者，此时，生产者同时也是经营者，这种模式一般称为直销模式。这种模式没有经过其他经营者，商品的价格相对更便宜。另一种是生产者将生产的产品批量发售给经营者，因为经营者的销售面和渠道更为广泛而成为主要的销售模式，称为间接销售模式。经营者一般称为"中间商"，从"买"和"卖"之间赚取从生产商到消费者之间的差价，这种模式也提高了商品的价格。商品流通中运输和保管产生的费用也会被加入商品价格。

三、食品流通领域的界定与食品安全法律规制的研究意义

(一) 食品流通领域的界定

食品是一类特殊的商品，食品流通属于商品流通的组成部分。食品流通，目前业界尚无统一的定义，普遍的理解为：食品流通是食品、相关服务及相关信息从田间到餐桌的有效率、有效益的流动。① 食品流通具体包括食品的采购、贮存、运输、销售（批发和零售）等一系列环节。

在《食品安全法》中，食品流通环节是相对于食品生产（食品生产和加工）环节而言的。

《食品安全法》第二条规定，在中华人民共和国境内从事六种活动，应当遵守《食品安全法》的规定。由此可以看出《食品安全法》定义的食品流通环节包括食品经营、食品的贮存和运输。《食品安全法》第二条将"食品销售"和"餐饮服务"简称"食品经营"。该规定意味着《食品安全法》中"食品销售"与"餐饮服务"同属于"食品经营"的范畴，统称为"食品经营"。需要指出的是，2009 年颁布的《食品安全法》的第二条规定："'食品流通和餐饮服务'以下称'食品经营'"。2015 年《食品安全法》的修改将第二条中的"食品流通"改为"食品销售"。其原因在于立法机关考虑到"食品流通"概念的内涵比较宽泛，除食品销售以外，从大的方面也包括食品贮存、运输等活动，为避免内容交叉，新修订的《食品安全法》将条文中的"食品流通"均改为了"食品销售"。②

"食品流通"是食品简单地从生产者到消费者的流通，餐饮服务是为满足餐饮顾客的需要，在餐饮企业和顾客之间的活动以及餐饮企业的部门活动所产生的结果。③ 具体而言，《中华人民共和国食品安全法实施条例》（简称《食品安全法实施条例》）规定："餐饮服务，指通过即时制作加工、商业销售和服务性劳动等，向消费者提供食品和消费场所及设施的服务活动。"餐饮服务中的重要内容为食品经营，除此以外还有其他的餐饮相关的服务。需要说明的是，本书认为食品流通领域的食品安全法律规制不包括对餐饮服务的食品安全法律规制，也即本书研究的食品流通领域是

---

① 李洪生. 食品流通安全监督管理与实务 [M]. 北京：中国劳动社会保障出版社，2010：6.
② 信春鹰. 中华人民共和国食品安全法解读 [M]. 北京：中国法制出版社，2015：2.
③ 陆朋，周静莉，王杨. 餐饮服务与管理 [M]. 北京：企业管理出版社，2021：7.

指食品简单地从生产者到消费者的流通领域。

（二）食品流通领域食品安全法律规制的研究意义

食品流通领域是食品安全问题出现的关键场所，也是生产和流通环节产生的食品安全问题集中显现的场所，消费者往往是在食用购买食品后发生显性或隐性的食品安全问题。而相较于食品生产领域，食品流通领域具有相对的集中性和公开性，在此领域更易于发现与查处食品安全问题。因此，食品流通领域不失为食品安全管控的一道关键防线。

（1）食品流通领域与食品生产领域相比，其食品安全监督管理难度小。食品作为商品从生产者处进入流通领域，由经营者将其转到消费者的手中登上消费者的餐桌。在我国，流通领域的食品安全问题几乎覆盖了"从农田到餐桌"的全过程。而"农田"和"餐桌"位于食品安全的始末端，管理对象更为零散和广泛。对"两头"的食品安全监督管理难度最大，也很难实现。相比较而言，流通领域的食品安全更容易监督管理。

（2）食品流通领域食品安全法律规制可以反作用于食品生产环节，加强食品安全。从生产源头上治理食品安全不乏理想，笔者认为，中国目前食品生产较为分散化，从流通环节治理食品安全问题应更为有效。食品流通领域作为食品安全的中间环节，对食品的源头和去向都能起到很好的控制作用。因此，应对食品流通环节食品经营者的食品安全予以充分的重视和法律规制，起到通过流通领域倒逼生产领域加强食品安全的良好效应。没有买卖便不会有制造，规范食品流通领域，加大食品安全监督管理力度，可以为整个社会的食品安全树立正确的标准和形象。

（3）加强食品流通领域食品安全治理可以促进我国食品生产和经营企业的转型升级。食品卫生与安全一直是以"他律"（食品安全行政监督管理部门监督管理）的形式出现，为达到"严防"的效果，食品安全监督管理必须调动相关因素，如调动食品流通领域经营者的积极性，增加食品流通领域经营者的食品安全法律责任，使食品经营者的食品安全管理由被动的"他律"向"自律和他律相结合"的方向发展，反作用于食品生产者，使其加强食品安全管理，促进我国食品生产和经营企业的转型升级。

（4）在全社会形成严密的食品安全预防体系。食品是特殊商品，食品的安全性较之其他商品更为重要，食品的经营者、市场经营者较之其他商品的经营者、市场经营者应受到更为严格的法律规制，承担更多的法律责任。通过流通领域的严格法律规制，阻断可能出现的不安全食品的通道，在关键环节遏制食品安全问题的发生，在流通领域形成食品安全预防机制，在全社会形成严密的食品安全预防体系。

第二节　流通领域食品安全概述

一、食品安全的概念与特征

（一）食品安全的概念

"食品安全"（food safety）的概念是 1974 年由联合国粮食及农业组织（WFO）提出的，从广义层面而言包含三方面内涵：第一，国家从数量方面能够提供民众足够的食物以满足社会最基本需要，第二，食品从卫生安全方面对人体健康不造成不良危害的同时帮助人们获取充足的营养，第三，食品的获得要从发展方面兼顾生态环境的保护和资源的可持续利用。世界卫生组织（WHO）对食品安全的定义是"确保食品消费对人类健康没有造成直接或潜在的不良影响"。

《食品安全法》规定的"食品安全"是狭义层面的概念，是指食品无毒、无害，符合应当有的营养要求，对人体健康不造成任何急性、亚急性或者慢性危害。[①]

（二）食品安全与相关概念的辨析

1. 食品安全与食品卫生

1996 年世界卫生组织在《加强国家级食品安全性计划指南》中对"食品安全"与"食品卫生"两个概念进行了区别。食品安全是对食品按其原定用途进行生产或食用时不会对消费者造成损害的一种担保，食品安全性强调食品中不应含有可能损害或威胁人体健康的物质或因素。而食品卫生是为确保食品安全性和适合性在食物链的所有阶段必须创造的一切条件和采取的措施。

《食品卫生法》规定的食品卫生是"食品应当无毒、无害，符合应当有的营养要求，要有相应的色、香、味等感官性状"。《食品工业基本术

---

① 信春鹰. 中华人民共和国食品安全法解读 [M]. 北京：中国法制出版社，2015：2.

语》中对食品卫生的定义为：食品卫生是指为防止食品在生产、收货、加工、运输、贮藏、销售等各个环节被有害物质（包括物理、化学、微生物等方面）污染，使食品有益于人体健康、质地良好所采取的各项措施。

从以上对食品安全和食品卫生的定义可见，食品安全与食品卫生的关系是：第一，食品安全包含食品卫生，食品卫生是食品安全的组成部分。第二，食品外在的性状未改变不能保证食品内在的安全性，食品卫生相对容易通过肉眼判断，但是食品安全很难从外观辨识。食品卫生只是为保持食品自身性状和特征而对食品外在环境、条件提出的最基本的要求。而食品安全更侧重对食品内部的要求，需要具备三方面的条件：食品的内在物质是无毒、无害的；符合食品应当有的营养要求；食用食品对人体健康不会造成任何急性、亚急性或者慢性危害。第三，食品卫生与食品安全相辅相成。食品卫生有助于保障食品安全，食品安全表明食品卫生符合标准。

2. 食品安全与食品质量

质量（quality），又称"品质"，侧重物质内在的性能。《质量管理体系 基础和术语》（ISO 9000：2015）中对质量的定义是：客体的一组固有特性满足要求的程度。

1996 年世界卫生组织在《加强国家级食品安全性计划指南》中对食品质量的定义是：食品质量是食品满足消费者明确的或者隐形的需要的特性。1998 年联合国粮农组织在发布的《保障食品的安全和质量》中指出，食品质量包括可能影响食品价值的一切因素，既包括食品的产地、原材料、加工方法、采用的标准等有利因素，也包括腐烂、变味变色、污染等不利因素。①

食品安全与食品质量既相互关联又互不相同。第一，食品质量与食品本身的特质高度相关，不同的食品特性不同，其质量体现了其特性，食品质量高也说明食品安全性高。食品的质量有高低差异，体现为食品生产者或食品经营者往往对食品区分等级，如特级、一级、二级、三级等。我国现行食品质量标准有国家标准、行业标准、地方标准和企业标准。食品质量和食品安全有一定对应关系。第二，食品质量不能完全与食品安全等同。虽然外在不利因素既会影响食品质量又会影响食品安全，但是食品安

---

① 赵福姜，罗承炳，孙明. 食品安全法律保护热点问题研究 ［M］. 北京：中国检察出版社，2012：7.

全受影响的程度更大。质量低的食品不一定对人体造成健康危害，但不安全的食品一定会对人体健康造成危害。

（三）食品安全的特征

1. 食品安全具有相对性

客观上，无法做到绝对的食品安全，食品安全只能是相对的。《食品安全法》第一条规定了该法制定的依据："为了保证食品安全，保障公众身体健康和生命安全，制定本法。"危害公众身体健康和生命安全是《食品安全法》规制的标准。如果食品只是轻微地不安全，比如食品不新鲜导致食品质量下降，还不足以导致任何急性、亚急性或者慢性食源性疾病，无毒、无害，符合营养要求，就不属于《食品安全法》制裁的范围，在法律上被认定为食品安全。

2. 食品安全具有变化性

食品安全不是一成不变的，随着时间的推移、环境的改变、温度湿度的变化或者外在因素的介入，食品的内在特性和外在性状会逐渐发生变化，从量变发展到质变，原本无毒、无害的食品可能变成有毒、有害的食品，原本安全的食品可能变成不安全的食品。食品一旦成为不安全食品，想再从不安全变回安全的可能性就比较小，因为不安全意味着食品发生了质变，而质变后就较难以逆转。

3. 食品安全的保障具有整体性

食品的安全性受多方面影响。如在生产过程中，农产品在生产时会因农药使用超标等因素被污染。到了流通领域，外包装的不安全可能污染食品而影响食品安全，或者有些生鲜食品受时间、温度、湿度的影响较大，生产者和经营者都已严格注意，但运输者、贮存者不够注意，食品也可能出现变质，或者运输者、贮存者、经营者为了保鲜而在食品中添加了某些物质，食品就可能逐渐由无毒、无害变成有毒、有害。食品安全具有整体性，其他方面都很好，但某一个环节出问题，也可能影响食品安全。

二、流通领域食品安全的现状

客观而言，流通领域作为食品到达消费者的重要环节，其涉及的食品安全问题涵盖了生产领域和流通领域的所有食品安全问题，包括生产者导致的食品安全问题、经营者导致的食品安全问题、生产者和经营者共同导致的食品安全问题、贮存者导致的食品安全问题、运输者导致的食品安全问题等。

单就流通领域而言，食品安全问题会出现在采购、运输、贮存、销售等各个环节。如果消费者从经营者处购买食品后食用，身体健康和人身安全受到损害，那么所有的食品安全问题——生产环节或经营环节等导致的食品安全问题都会集中在食品经营者处体现出来。

从食品自身来看，我国流通领域的食品安全问题主要涉及生鲜食品、加工食品两大类，主要涉及包装食品（食品包装问题）、散装食品、裸装食品。

从食品安全监督管理来看，我国食品安全监督管理部门往往对食品采取形式监督管理，比如在生产日期、QS认证、保管等方面有明确规定，对于食品销售时是否超过保质期、有没有进行食品认证或者认证是否已过期等，主要从外在形式上判断，也对部分食品采用定期或随机抽检或检测。

三、流通领域食品安全的特性

1. 食品安全问题的分散性

我国人口众多，食品需求的数量巨大、种类繁多，相应的食品生产者和经营者数量也很大，食品的不安全因素呈零散化分布。食品生产者和经营者大到规模化的食品企业，以及超市、商场等集中交易市场，网络食品交易平台，小到食品生产加工小作坊、食品摊贩、小杂货铺等，不同食品的安全标准也不同。

2. 食品安全问题的多样性

食品种类的繁多及违法手段的多样性导致了食品安全问题呈现出多样性。不同食品的食品存在不同的安全隐患，甚至同种食品的不同批次都可能存在不同的安全问题。而食品生产和经营者出于保持食品的特性或销售的需求，为达到增加或保持食品的色泽、味道等目的，有可能添加有毒、有害物质甚或以假充真、混淆视听，在获取非法利益的同时危害消费者的身体健康或生命安全。

3. 食品安全问题来源的复杂性

食品安全问题或来自单一的生产者或经营者，或由多个生产者和（或）多个经营者的共同行为导致。从食品安全问题的责任方来看，有来自生产者的责任，比如农产品生产过程导致的食品不安全；有来自贮存、运输者的责任，比如错误的贮存、运输方式导致的食品不安全；有来自销售者的责任，比如销售过期、变质食品导致的食品不安全。

4. 食品安全问题的不可见性

卫生部 2003 年发布的《食品安全行动计划》指出，食品中新的生物性和化学性污染物对健康的潜在威胁已经成为一个不容忽视的问题。食品安全问题正由"看得见"向"不易看见"发展变化，部分食品安全问题需要借助检测工具才能确定。

5. 网络食品安全问题的普遍性

伴随着网络的快速发展，网店、网上超市等食品流通形式日益兴盛，网购食品非常普遍，食品的网络销售量甚至超出了线下门店销售量。网购食品也带来了网络食品安全问题，网络食品监督管理已成为新的监督管理重点。

6. 食品安全问题的可预防性

流通领域是国家把控食品安全的最后环节，也是食品安全监督管理的关键环节和领域，国家可以通过完善流通领域食品安全法律和监督管理来预防不安全食品的流通。不安全食品无法到达消费者手中、上不了消费者的餐桌，就可以有效预防食品安全事故。

第二章 中国流通领域食品安全法律法规

国家对食品安全非常重视，对食品安全制定了专门的法律法规，流通领域作为其中的重要环节也在法律法规规制之内。然而，食品既包括农产品，也包括加工产品；既有散装食品，也有预包装食品。流通领域食品种类的多样性及其身份的多样性决定了法律法规应从不同方面对食品安全进行规制，比如加工产品质量和农产品质量等。食品具有其特殊性，对食品的法律规制既包括对其一般性的法律规制，又包括对其特殊性的法律规制，对应的就是一般法和特殊法。

食品流通领域中既有食品经营者，又有食品运输者、食品保管者、食品消费者等，要保障食品流通领域的食品安全，就需要对各个方面都进行法律规制，以约束食品经营者、食品运输者、食品保管者，保护消费者。本章介绍的中国流通领域食品安全法律法规是从广义层面而言的，除了专门的食品安全法律法规以外，还包括多角度和多层级的法律法规。一个流通领域食品安全违法行为在适用法律时往往会出现法律竞合现象。

第一节 流通领域食品安全相关法律

目前，我国流通领域适用食品安全的法律以《食品安全法》《中华人民共和国产品质量法》（简称《产品质量法》）《中华人民共和国农产品质量安全法》（简称《农产品质量安全法》）《中华人民共和国消费者权益保护法》（简称《消费者权益保护法》）为主，其他有所涉及的法律则为辅助。

一、《中华人民共和国食品安全法》

（一）制定

为保证食品安全，保障公众身体健康和生命安全，2009年2月28日第十一届全国人民代表大会常务委员会第七次会议通过，自2009年6月1日起实施《食品安全法》。由此，我国对食品的法律规制由过去的关注食品卫生、防止食品污染和有害因素对人体的危害、保障人民身体健康、增强人民体质转向注重食品本身的安全保障，以适应新时代食品法律治理的需要，具有划时代意义。而1995年10月30日第八届全国人民代表大会常务委员会第十六次会议审议通过并公布实施的《食品卫生法》于2009年6月1日起废止，完成了其历史使命。

《食品安全法》取代了《食品卫生法》，全方位开启对食品安全的法律规制，其主要内容包括总则、食品安全风险监测和评估、食品安全标准、食品生产经营、食品检验、食品进出口、食品安全事故处置、监督管理、法律责任、附则，共十章。《食品安全法》主要从食品经营、食品监督管理、法律责任等方面对流通领域食品安全进行法律规制（见表2-1至表2-3）。

表 2-1　2009年《食品安全法》对流通领域食品经营的规定

序号	内容
1	食品经营者的社会责任
2	食品经营要求
3	禁止经营的食品
4	食品经营许可制度
5	鼓励食品生产加工小作坊、食品摊贩改进条件
6	食品经营许可颁发
7	建立企业的食品安全管理制度
8	鼓励企业符合良好规范要求
9	从业人员健康管理制度
10	食品经营的进货检验记录制度
11	食品经营者贮存食品的要求
12	食品经营者贮存散装食品的要求

表2-1（续）

序号	内容
13	预包装食品的标签
14	预包装食品的销售
15	食品中不得添加药品
16	集中交易市场开办者等的责任
17	食品召回制度
18	食品广告

表 2-2　2009 年《食品安全法》对流通领域食品监督管理的规定

序号	内容
1	食品安全监督管理体制
2	地方政府及有关部门的职责
3	监督管理部门权责一致
4	对食用农产品的管理
5	对声称具有特定保健功能的食品的监督管理
6	不得对食品实施免检
7	制定食品安全监督管理年度计划
8	监督管理部门有权采取的措施
9	进行监督检查的要求
10	建立食品经营者的信用档案
11	对投诉、举报等的处置
12	监督管理部门依法履职
13	建立食品安全信息统一公布制度
14	食品安全信息的上报和通报

表 2-3　2009 年《食品安全法》对流通领域法律责任的规定

序号	内容
1	未经许可从事食品经营等的法律责任
2	经营法律禁止生产经营的食品的法律责任

表2-3(续)

序号	内容
3	经营被包装材料污染的食品等的法律责任
4	未建立查验记录制度等的法律责任
5	发生食品安全事故单位的法律责任
6	集中交易市场开办者等的法律责任
7	违法从事食品运输的法律责任
8	被吊销许可证企业的主管人员的法律责任
9	食品检验机构等的法律责任
10	虚假食品广告等的法律责任
11	政府及监督管理部门的法律责任
12	违反本法的民事法律责任
13	民事赔偿责任优先原则
14	违反本法的刑事法律责任

（二）第一次修订

《食品安全法》从无到有，实施后经过社会的检验，面对新出现的食品安全问题，在实施第5年迎来首次修订。此次修订听取社会大众加强食品安全法治的呼声，在全国人大网站公布修订草案，并两次向社会公众公开征集修订意见，全国人大宪法和法律委员会和常委会法制工作委员会也广泛征求社会各方意见。修订案经过全国人大常委会三次审议，最终获得通过。2015年4月24日第十二届全国人民代表大会常务委员会第十四次会议对《食品安全法》进行了修订，确定于2015年10月1日正式实施。本次修订内容较多，该法由原来的104条修订为154条，增加了50条，内容也得到了很大完善。该法被称为"史上最严"的《食品安全法》。

《食品安全法》的第一次修订强化了预防为主、风险防范的法律制度，设立了最严格的全过程监督管理法律制度，建立了最严格的法律责任制度。修订的主要内容有：食品安全法的调整范围，食品安全监督管理体制，地方人民政府的食品安全责任，食用农产品的管理，加强社会共治，完善食品生产经营者的主体责任，转基因食品标示管理，网络食品交易，特殊食品管理，加大对违法生产经营行为的惩处力度，细化并加重违法失职的地方政府、食品安全监督管理部门有关责任人员的法律责任等。修订的很多内容都涉及食品流通领域，如食品经营、食品监督管理等（见表2-4至表2-6）。

表 2-4 2015 年《食品安全法》对食品经营的修改

序号	内容
1	修改：将"食品流通"修改为"食品销售"
2	新增："食品的贮存和运输"适用《食品安全法》
3	新增："食用农产品的市场销售"适用《食品安全法》
4	新增：食品经营者对其经营食品的安全负责
5	新增：贮存、运输和装卸食品应当符合保证食品安全所需的湿度，不得将食品与有毒、有害物品一同贮存，非食品生产经营者从事食品贮存、运输和装卸的，应当符合贮存、运输和装卸食品的规定
6	新增：禁止经营危害人体健康的物质含量超过食品安全标准限量的食品添加剂、食品相关产品，禁止经营用超过保质期的食品原料、食品添加剂生产的食品、食品添加剂，禁止经营超范围、超限量使用食品添加剂的食品，禁止经营标注虚假生产日期、保质期的食品、食品添加剂，禁止经营无标签的食品添加剂
7	新增：销售食用农产品不需要取得许可
8	修改：在"食品生产加工小作坊和食品摊贩"后增加"等"，将小餐饮、小杂食店等小微食品经营者或企业纳入食品安全法的管理范围
9	新增：国家建立食品安全全程追溯制度
10	新增：地方各级人民政府应当采取措施鼓励食品连锁经营、配送。国家鼓励食品生产经营企业参加食品安全责任保险
11	新增：食品经营企业的主要负责人应当落实企业食品安全管理制度，对本企业的食品安全工作全面负责。食品经营企业应设立食品安全管理人员的培训考核制度
12	新增：食品经营者应当建立食品安全自查制度
13	新增：从事食品批发业务的经营企业应当建立食品销售记录制度
14	新增：网络食品交易第三方平台提供者的义务
15	新增：食用农产品批发市场应当对进场销售的食用农产品进行抽样检验
16	新增：食用农产品销售者应当建立食用农产品进货查验记录制度

表2-4(续)

序号	内容
17	新增：进入市场销售的食用农产品在包装、保鲜、贮存、运输中使用保鲜剂、防腐剂等食品添加剂和包装材料等食品相关产品，应当符合食品安全国家标准
18	新增：经营转基因食品应当按照规定显著标示
19	新增：经营者对其提供的标签、说明书的内容负责
20	新增：食品生产经营者对食品广告内容的真实性、合法性负责

表 2-5　2015 年《食品安全法》对食品监督管理的修改

序号	内容
1	明确：规定国务院食品药品监督管理部门对食品经营活动实施监督管理
2	新增：县级人民政府食品药品监督管理部门可以在乡镇或者特定区域设立派出机构
3	新增：将食品安全工作经费列入本级政府财政预算
4	新增：消费者协会和其他消费者组织对违反本法规定、损害消费者合法权益的行为，依法进行社会监督
5	修改：将食品生产加工小作坊和食品摊贩等的具体管理办法由"省、自治区、直辖市人民代表大会依照本法制定"修改为"由省、自治区、直辖市制定"
6	新增：食品药品监督管理部门应当对企业食品安全管理人员随机进行监督抽查考核并公布考核情况。监督抽查考核不得收取费用
7	新增：国家对特殊医学用途配方食品和婴幼儿配方食品等特殊食品实行严格监督管理
8	修改：将"县以上质量监督、工商行政管理、食品药品监督管理部门有权进行抽检"修改为"县级以上人民政府食品药品监督管理部门"有权进行抽检，以适应将过去分段式监督管理体制向食品药品统一监督管理体制改革的需要
9	新增：实施风险分级管理。食品安全年度监督管理计划向社会公布并组织实施。食品安全年度监督管理计划的重点内容
10	新增：县级以上人民政府食品药品监督管理、质量监督部门对生产经营者遵守本法的情况进行监督检查
11	删除：县级以上农业行政部门应当依照《农产品质量安全法》规定的职责，对食用农产品进行监督管理

表2-5（续）

序号	内容
12	新增：有害物质的临时限量值和临时检验方法
13	新增：有关快速检测的规定
14	修改："县级以上质量监督、工商行政管理、食品药品监督管理部门应当建立食品生产经营者食品安全信用档案，记录许可颁发、日常监督检查结果、违法行为查处等情况"修改为"县级以上人民政府食品药品监督管理部门应当建立食品生产经营者食品安全信用档案，记录许可颁发、日常监督检查结果、违法行为查处等情况" 新增：依法向社会公布并实时更新。 新增：对违法行为情节严重的食品经营者，可以通报投资主管部门、证券监督管理部门和有关的金融机构
15	新增：对食品经营者进行责任约谈
16	新增：对查证属实的举报，给予举报人奖励
17	新增：关于加强食品安全执法人员管理的规定
18	新增：对所属食品药品监督管理部门或下级地方人民政府进行责任约谈的规定
19	新增：国家建立统一的食品安全信息平台。未经授权不得发布规定的食品安全信息
20	新增：不得编造、散布虚假食品安全信息
21	新增：关于涉嫌食品安全犯罪案件处理的规定

表2-6　2015年《食品安全法》对流通领域法律责任的修改

序号	内容
1	修改：未经许可从事食品经营活动等，违法经营的食品、食品添加剂货值金额不足一万元的，罚款金额由"二千元以上五万元以下"修改为"五万元以上十万元以下"；货值金额一万元以上的，罚款金额由"货值金额五倍以上十倍以下"修改为"货值金额十倍以上二十倍以下"
2	新增：对于明知从事未经许可经营活动仍为其提供经营场所或者其他条件者的处罚
3	修改：规定8类最严重违法食品经营行为的法律责任，加大对经营食品安全法所禁止经营食品的行为的处罚力度，列举规定了6类适用"并处货值金额十五倍以上三十倍以下罚款"等法律责任的违法情形 新增：明知从事经营食品安全法所禁止经营食品的行为，仍为其提供生产经营场所或者其他条件者的法律责任，以及违法使用剧毒、高毒农药者的法律责任

表2-6(续)

序号	内容
4	新增：规定有关11类违法经营行为的法律责任。列举了适用"并处货值金额十倍以上二十倍以下罚款"等法律责任的违法情形。规定了经营不符合法律、法规或者食品安全标准的食品、食品添加剂的兜底条款
5	修改：规定了4类违法经营行为的法律责任，调整了执法主体和违法情形，加大了处罚力度 新增：标签、说明书瑕疵的例外规定
6	新增：规定了经营过程违法行为应承担的法律责任，明确了执法主体，将违法行为种类由7类增加到16类，加大了处罚力度
7	新增：关于食品生产加工小作坊、食品摊贩等的违法行为的处罚规定
8	修改：在事故单位违法行为的法律责任中，将"毁灭有关证据"修改为"隐匿、伪造、毁灭有关证据"，加大处罚力度，增加处罚种类"没收违法所得"
9	修改：在集中交易市场违法行为的法律责任中，明确了执法主体；加大了处罚力度；增加了处罚种类"责令改正、没收违法所得"，将"处二千元以上五万元以上罚款"修改为"处五万元以上二十万元以下罚款"；将"本市场发生食品安全事故的，应当承担连带责任"修改为"使消费者的合法权益受到损害的，应当与食品经营者承担连带责任"
10	新增：网络食品交易违法行为的法律责任
11	修改：规定了食品贮存、运输和装卸违法行为的法律责任，明确了县级以上人民政府食品安全监督管理部门的执法主体地位；增加了未按要求进行食品装卸的处罚规定；加大了处罚力度，将"处二千元以上五万元以上罚款"修改为"处一万元以上五万元以下罚款"
12	新增：拒绝、阻挠、干涉依法开展食品安全工作等的法律责任
13	新增：食品经营者屡次违法增加处罚的规定
14	新增：被吊销许可证的食品生产经营者及其法定代表人五年内不得申请食品生产经营许可，或者从事食品生产经营管理工作、担任食品生产经营企业食品安全管理人员。因食品安全犯罪被判处有期徒刑以上刑罚的，终身不得从事食品生产经营管理工作，也不得担任食品生产经营企业食品安全管理人员
15	新增：食品经营者履行了食品安全法规定的义务可以免予处罚
16	新增：食品检验机构出具虚假检验报告，使消费者的合法权益受到损害的，应当与食品生产经营者承担连带责任

表2-6(续)

序号	内容
17	新增：认证机构出具虚假认证结论，使消费者的合法权益受到损害的，应当与食品生产经营者承担连带责任
18	明确：关于虚假宣传和违法推荐食品的法律责任，发布未取得批准文件、广告内容与批准文件不一致的保健食品广告，依照《中华人民共和国广告法》（简称《广告法》）的规定给予处罚。广告经营者、发布者设计、制作、发布虚假食品广告，使消费者的合法权益受到损害的，应当与食品生产经营者承担连带责任。 新增：对食品做虚假宣传且情节严重的法律责任
19	新增：编造、散布虚假食品安全信息的法律责任
20	新增：食品药品监督管理、质量监督等部门违法实施检查、强制等执法措施的法律责任
21	新增：首负责任制和惩罚性赔偿

（三）第一次修正

为配合 2018 年 3 月第十三届全国人民代表大会第一次会议批准的国务院机构改革方案，2018 年 12 月 29 日第十三届全国人民代表大会常务委员会第七次会议对《食品安全法》进行了第一次修正，以体现机构改革后有关机构和职责调整后法条中相应的修正。修正主要包括 5 个方面：第一，将《食品安全法》中第五条等 64 个法条中的"食品药品监督管理"修改为"食品安全监督管理"；第二，删去《食品安全法》中第十四条等 15 个法条中的"质量监督"；第三，将《食品安全法》中第四十一条等 4 个法条中的"质量监督"修改为"食品安全监督管理"；第四，将第一百一十条中的"食品药品监督管理、质量监督部门履行各自食品安全监督管理职责"修改为"食品安全监督管理部门履行食品安全监督管理职责"；第五，将第一百二十一条第三款中的"环境保护"修改为"生态环境"。

（四）第二次修正

根据 2021 年 4 月 29 日第十三届全国人民代表大会常务委员会第二十八次会议《关于修改〈中华人民共和国道路交通安全法〉等八部法律的决定》，对《食品安全法》进行了第二次修正。此次修正只修改了第三十五条第一款，属于食品流通领域中食品经营许可部分内容的修正。原规定为"国家对食品生产经营实行许可制度。从事食品生产、食品销售、餐饮服务，应当依法取得许可。但是，销售食用农产品，不需要取得许可。"经修改，内容变为："国家对食品生产经营实行许可制度。从事食品生产、食品销售、餐饮服务，应当依法取得许可。但是，销售食用农产品和仅销售预包装食品的，不需要取得许可。仅销售预包装食品的，应当报所在地县级以上地方人民政府食品安全监督管理部门备案。"规定了仅销售预包装食品的情形不需要取得许可，但应当报食品安全监督管理部门备案。

二、《中华人民共和国产品质量法》

为了加强对产品质量的监督管理，提高产品质量水平，明确产品质量责任，保护消费者的合法权益，维护社会经济秩序，1993 年 2 月 22 日第七届全国人民代表大会常务委员会第三十次会议通过《产品质量法》，该法自 1993 年 9 月 1 日起施行。2000 年 7 月 8 日第九届全国人民代表大会常务委员会第十六次会议发布《关于修改〈中华人民共和国产品质量法〉的决定》，进行了第一次修正；2009 年 8 月 27 日第十一届全国人民代表大会常务委员会第十次会议发布《关于修改部分法律的决定》，进行了第二次修正；2018 年 12 月 29 日第十三届全国人民代表大会常务委员会第七次会议发布《关于修改〈中华人民共和国产品质量法〉等五部法律的决定》，进行了第三次修正。

该法包括总则，产品质量的监督，生产者、销售者的产品质量责任和义务，损害赔偿，法则，附则，共 6 章 74 条。该法涵盖产品销售、监督管理、法律责任等有关流通领域产品质量的法律规制（见表 2-7 至表 2-9）。

表 2-7 《产品质量法》有关产品销售的规定

序号	内容
1	在中华人民共和国境内从事产品销售活动，必须遵守本法。本法所称产品是指经过加工、制作，用于销售的产品
2	销售者应当建立健全内部产品质量管理制度
3	销售者依照本法规定承担产品质量责任
4	禁止伪造或者冒用认证标志等质量标志；禁止伪造产品的产地，伪造或者冒用他人的厂名、厂址；禁止在销售的产品中掺杂、掺假，以假充真，以次充好

表2-7（续）

序号	内容
5	禁止产品垄断经营
6	产品质量要求
7	禁止销售不符合保障人体健康和人身、财产安全的标准和要求的工业产品
8	销售者应当建立并执行进货检查验收制度
9	销售者应当采取措施，保持销售产品的质量
10	禁止销售的产品范围
11	销售的产品的标识要求
12	禁止伪造产地、伪造或者冒用他人的厂名、厂址
13	禁止伪造或者冒用认证标志等质量标志
14	销售者的禁止行为

表2-8 《产品质量法》有关流通领域监督管理的规定

序号	内容
1	国家对产品质量实行以抽查为主要方式的监督检查制度
2	对依法进行的产品质量监督检查，销售者不得拒绝
3	违反监督抽查规定的行政责任
4	县级以上市场监督管理部门的职权范围
5	产品质量检验机构设立条件
6	产品质量检验、认证中介机构必须依法设立
7	产品质量检验、认证机构必须依法出具检验结果
8	消费者的查询、申诉权
9	消费者权益组织的职能
10	抽查产品质量状况定期公告
11	监督管理部门的禁止行为

表 2-9 《产品质量法》有关流通领域法律责任的规定

序号	内容
1	销售者的损害赔偿责任
2	人身、他人财产的损害赔偿责任
3	销售者的过错赔偿责任
4	受害者的选择赔偿权
5	人身伤害的赔偿范围
6	销售不符合安全标准的产品的行政处罚、刑事责任
7	假冒产品的行政处罚、刑事责任
8	销售淘汰产品的行政处罚规定
9	销售失效、变质的产品的行政处罚、刑事责任
10	伪造、冒用产品产地、厂名、厂址、标志的行政处罚规定
11	不符合产品包装、标识要求的行政处罚规定
12	销售者的从轻或者减轻处罚情节
13	违反依法接受产品质量监督检查义务的行政处罚规定
14	产品质量中介机构的行政处罚、刑事责任
15	社会团体、社会中介机构的连带赔偿责任
16	虚假广告的责任承担
17	运输、保管、仓储部门的责任承担
18	服务业经营者的责任承担
19	隐匿、转移、变卖、损毁查封、扣押的物品的行政责任
20	民事赔偿责任优先原则
21	国家工作人员的责任承担
22	质检部门的检验责任承担
23	国家机关推荐产品的责任承担
24	市场监督管理部门的工作人员的违法行为的责任承担
25	妨碍监督管理公务的行政责任
26	监督管理部门的行政处罚权限
27	没收产品的处理
28	货币金额的计算

三、《中华人民共和国农产品质量安全法》

为了保障农产品质量安全，维护公众健康，促进农业和农村经济发展，2006年4月29日第十届全国人民代表大会常务委员会第二十一次会议通过《农产品质量安全法》；后根据2018年10月26日第十三届全国人民代表大会常务委员会第六次会议《关于修改〈中华人民共和国野生动物保护法〉等十五部法律的决定》修正；2022年9月2日第十三届全国人民代表大会常务委员会第三十六次会议予以修订，自2023年1月1日施行。

该法包括总则、农产品质量安全风险管理和标准制定、农产品产地、农产品生产、农产品销售、监督管理、法律责任和附则，共8章。法条从最初的56条增加到81条。该法涵盖农产品销售、监督管理、法律责任等有关流通领域农产品质量安全的法律规制（见表2-10至表2-12）。粮食收购、贮存、运输环节的质量安全管理，依照有关粮食管理的法律、行政法规执行。

表2-10　《农产品质量安全法》有关农产品销售的规定

序号	内容
1	与农产品质量安全有关的农产品经营及其监督管理活动，适用本法。《食品安全法》对食用农产品的市场销售、有关质量安全标准的制定、有关安全信息的公布和农业投入品已经做出规定的，应当遵守其规定
2	农产品经营者应当对其经营的农产品质量安全负责。农产品经营者应当依照法律、法规和农产品质量安全标准从事经营活动
3	销售的农产品应当符合农产品质量安全标准，农产品生产企业、农民专业合作社应当根据质量安全控制要求自行或者委托检测机构对农产品质量安全进行检测，农业技术推广机构等应当为农户等农产品经营者提供农产品检测技术服务
4	农产品在包装、保鲜、贮存、运输中所使用的保鲜剂、防腐剂、添加剂、包装材料等，应当符合国家有关强制性标准以及其他农产品质量安全规定。贮存、运输农产品的容器、工具和设备应当安全、无害。禁止将农产品与有毒、有害物质一同贮存、运输，防止污染农产品
5	含有国家禁止使用的农药、兽药或者其他化合物等六种情形的农产品，不得销售

表2-10(续)

序号	内容
6	农产品批发市场应当按照规定设立或者委托检测机构，对进场销售的农产品质量安全状况进行抽查检测；对其销售的农产品，农产品销售企业应当建立健全进货检查验收制度
7	农产品生产企业、农民专业合作社以及从事农产品收购的单位或者个人销售的农产品，按照规定应当包装或者附加承诺达标合格证等标识的，经包装或者附加标识后方可销售
8	农产品生产企业、农民专业合作社应当执行法律、法规的规定和国家有关强制性标准，保证其销售的农产品符合农产品质量安全标准。农产品批发市场应当建立健全农产品承诺达标合格证查验等制度
9	农产品经营者通过网络平台销售农产品的，应当依照本法和《中华人民共和国电子商务法》(简称《电子商务法》)《食品安全法》等法律、法规的规定，严格落实质量安全责任，保证其销售的农产品符合质量安全标准
10	农产品质量符合国家规定的有关优质农产品标准的，农产品经营者可以申请使用农产品质量标志。禁止冒用农产品质量标志
11	属于农业转基因生物的农产品，应当按照农业转基因生物安全管理的有关规定进行标识
12	依法需要实施检疫的动植物及其产品，应当附具检疫标志、检疫证明

表 2-11 《农产品质量安全法》有关流通领域监督管理的规定

序号	内容
1	国家加强农产品质量安全工作，实行源头治理、风险管理、全程控制，建立科学、严格的监督管理制度
2	国务院农业农村主管部门、市场监督管理部门依照本法和规定的职责，对农产品质量安全实施监督管理。国务院其他有关部门依照本法和规定的职责承担农产品质量安全的有关工作
3	县级以上地方人民政府应当依照本法和有关规定，确定本级农业农村主管部门、市场监督管理部门和其他有关部门的农产品质量安全监督管理工作职责。各有关部门在职责范围内负责本行政区域的农产品质量安全监督管理工作。乡镇人民政府应当落实农产品质量安全监督管理责任，协助上级人民政府及其有关部门做好农产品质量安全监督管理工作
4	禁止销售不符合国家规定的农产品质量安全标准的农产品

表2-11（续）

序号	内容
5	县级以上人民政府农业农村主管部门应当做好承诺达标合格证有关工作的指导服务，加强日常监督检查。农产品质量安全承诺达标合格证管理办法由国务院农业农村主管部门会同国务院有关部门制定
6	国家对列入农产品质量安全追溯目录的农产品实施追溯管理
7	网络平台经营者应当依法加强对农产品经营者的管理
8	加强地理标志农产品保护和管理
9	县级以上人民政府农业农村主管部门和市场监督管理部门等应当建立健全农产品质量安全全程监督管理协作机制，确保农产品从生产到消费各环节的质量安全。县级以上人民政府农业农村主管部门和市场监督管理部门应当加强收购、贮存、运输过程中农产品质量安全监督管理的协调配合和执法衔接
10	县级以上人民政府农业农村主管部门应当根据农产品质量安全风险监测、风险评估结果和农产品质量安全状况等，制定监督抽查计划，确定农产品质量安全监督抽查的重点、方式和频次，并实施农产品质量安全风险分级管理
11	县级以上人民政府农业农村主管部门应当建立健全随机抽查机制
12	县级以上地方人民政府农业农村主管部门可以采用国务院农业农村主管部门会同国务院市场监督管理等部门认定的快速检测方法，开展农产品质量安全监督抽查检测。抽查检测结果确定有关农产品不符合农产品质量安全标准的，可以作为行政处罚的证据
13	农产品经营者对监督抽查检测结果有异议的，采用快速检测方法进行农产品质量安全监督抽查检测，被抽查人对检测结果有异议的，都可以申请复检。因检测结果错误给当事人造成损害的，依法承担赔偿责任
14	开展农产品质量安全监督检查的七种措施
15	县级以上人民政府农业农村主管部门等应当加强农产品质量安全信用体系建设
16	农产品生产经营过程中存在质量安全隐患、未及时采取措施消除的，县级以上地方人民政府农业农村主管部门可以对农产品生产经营者的法定代表人或者主要负责人进行责任约谈
17	县级以上人民政府农业农村主管部门应当建立农产品质量安全投诉举报制度

表2-11（续）

序号	内容
18	县级以上地方人民政府市场监督管理部门依照本法和《食品安全法》等法律、法规的规定，对农产品进入批发、零售市场或者生产加工企业后的经营活动进行监督检查
19	农产品质量安全违法行为涉嫌犯罪的处理，对依法不需要追究刑事责任但应当给予行政处罚的处理

表 2-12 《农产品质量安全法》有关流通领域法律责任的规定

序号	内容
1	地方各级人民政府违反本法规定情形的法律责任
2	县级以上人民政府农业农村等部门违反本法规定情形的法律责任
3	县级以上地方人民政府农业农村、市场监督管理等部门在履行农产品质量安全监督管理职责过程中，违法实施检查、强制等执法措施，给农产品经营者造成损失的法律责任
4	农产品质量安全检测机构、检测人员出具虚假检测报告的法律责任
5	农产品经营者具有违反本法规定的三种行为且尚不构成犯罪的法律责任；明知农产品生产经营者从事前款规定的违法行为，仍为其提供生产经营场所或者其他条件的法律责任
6	农产品经营者具有违反本法规定的三种行为的法律责任
7	农产品经营者冒用农产品质量标志，或者销售冒用农产品质量标志的农产品的法律责任
8	违反本法关于农产品质量安全追溯规定的法律责任
9	《食品安全法》对食用农产品进入批发、零售市场或者生产加工企业后的违法行为和法律责任有规定的，由县级以上地方人民政府市场监督管理部门依照其规定进行处罚
10	食用农产品生产经营者违反本法规定，污染环境、侵害众多消费者合法权益、损害社会公共利益的，由人民检察院向人民法院提起诉讼

四、《中华人民共和国消费者权益保护法》

为保护消费者的合法权益，维护社会经济秩序，促进社会主义市场经济健康发展，1993 年 10 月 31 日第八届全国人民代表大会常务委员会第四次会议通过《消费者权益保护法》，该法自 1994 年 1 月 1 日起施行。此后，2009 年 8 月 27 日第十一届全国人民代表大会常务委员会第十次会议《关于修改部分法律的决定》予以第一次修正，2013 年 10 月 25 日第十二届全国人民代表大会常务委员会第五次会议《关于修改〈中华人民共和国消费者权益保护法〉的决定》予以第二次修正。

该法包括总则、消费者的权利、经营者的义务、国家对消费者合法权益的保护、消费者组织、争议的解决、法律责任和附则，共 8 章。法条从最初的 55 条增加到 63 条。该法涵盖消费者的权利、经营者的义务、争议的解决、法律责任等有关流通领域农产品质量安全的法律规制（见表 2-13 至表 2-15）。

表 2-13 《消费者权益保护法》有关流通领域消费者的权利的规定

序号	内容
1	安全保障权
2	知悉真情权
3	自主选择权
4	公平交易权
5	获得赔偿权
6	成立团体权
7	获得相关知识权
8	人格尊严、民族风俗习惯受尊重权
9	监督、批评、建议、检举、控告权
10	消费者索赔的权利
11	企业变更后的索赔权

表 2-14 《消费者权益保护法》有关流通领域经营者的义务的规定

序号	内容
1	依法履行义务
2	听取意见、接受监督的义务
3	保障人身、财产安全的义务

表2-14(续)

序号	内容
4	发现提供的商品或者服务存在缺陷,有危及人身、财产安全危险的,有采取措施的义务
5	提供真实信息的义务
6	标明真实名称和标记的义务
7	出具单据的义务
8	质量担保的义务
9	履行退货、更换、修理等义务
10	采用网络、电视、电话、邮购等方式销售商品的经营者须保证消费者七日内无理由退货的义务
11	格式合同的限制
12	不得侵犯消费者的人身自由的义务
13	采用网络、电视、电话、邮购等方式提供商品或者服务的经营者,以及提供证券、保险、银行等金融服务的经营者,应当向消费者提供相关信息的义务

表 2-15 《消费者权益保护法》有关流通领域法律责任的规定

序号	内容
1	营业执照出借人或借用人的连带责任
2	展销会的举办者、柜台的出租者的责任
3	网络食品交易第三方平台的责任
4	广告经营者、发布者的责任
5	经营者承担民事责任的情形
6	造成人身伤害、死亡的法律责任
7	侵害消费者的人格尊严、人身自由或者个人信息的弥补
8	精神损害赔偿责任
9	造成消费者财产损害的弥补
10	预收款后未履约的责任
11	认定为不合格的商品的责任
12	欺诈行为的责任
13	严重处罚的情形

表2-15（续）

序号	内容
14	构成犯罪的刑事责任
15	民事赔偿责任优先
16	经营者的法律救济
17	暴力拒法的责任
18	国家机关工作人员玩忽职守或者包庇经营者侵害消费者合法权益的行为的责任

此外，流通领域食品安全问题不免涉及诸多方面，其他法律因某方面具有相关性而成为流通领域食品安全适用的法律，比如：《中华人民共和国农业法》（简称《农业法》）《中华人民共和国农民专业合作社法》（简称《农民专业合作社法》）《广告法》《中华人民共和国行政许可法》（简称《行政许可法》）《中华人民共和国行政处罚法》（简称《行政处罚法》）等。

第二节　流通领域食品安全党内法规

一、中央机构编制委员会办公室发布的食品安全党内法规

（一）《中央机构编制委员会办公室关于进一步明确食品安全监督管理部门职责分工有关问题的通知》

2004年12月15日《中央机构编制委员会办公室关于进一步明确食品安全监管部门职责分工有关问题的通知》发布，根据《国务院关于进一步加强食品安全工作的决定》（国发〔2004〕23号）提出的一个监督管理环节由一个部门监督管理的原则，经国务院、中央编委领导同意，就食品安全监督管理部门职责分工有关问题做进一步明确，确保2005年1月1日起顺利实施。

（二）《关于国务院食品安全委员会办公室机构设置的通知》

2010年12月6日《关于国务院食品安全委员会办公室机构设置的通知》发布，根据《国务院关于设立国务院食品安全委员会的通知》（国发〔2010〕6号），为进一步加强食品安全工作，设立国务院食品安全委员会办公室，作为国务院食品安全委员会的办事机构，确定国务院食品安全委

员会办公室的主要职责、机构设置、机关行政编制、机关财务、后勤及离退休干部工作等。

二、中央精神文明建设指导委员会办公室等联合发布的食品安全党内法规

2012 年 10 月 12 日，国务院食品安全委员会办公室、中央精神文明建设指导委员会办公室（简称中央文明办）、农业部、商务部、卫生部、国家工商行政管理总局、国家质量监督检验检疫总局、国家食品药监督管理局发布《关于进一步加强道德诚信建设推进食品安全工作的意见》，以进一步加强道德诚信建设、推进食品安全工作，加快解决制约我国食品安全水平提升的深层次问题。该意见主要有高度重视食品安全道德诚信工作、推进基层道德诚信宣教工作、创新正面宣传思路模式、强化科学监督管理和示范创建、建立健全外部联动奖惩机制、强化道德诚信建设考核测评、引导社会参与诚信体系建设、加强统筹协调和组织保障八部分内容，提出将常态化开展食品安全道德诚信体系建设融入食品安全综合治理的全过程，推动形成"守信受益、失信必损""一处失信、处处受制"的利益导向和"明信知耻、惩恶扬善"的道德风尚，努力在全社会高度关注的食品安全领域率先抓出成效。

三、中共中央、国务院发布的食品安全党内法规

2019 年 5 月 9 日，中共中央、国务院发布《中共中央、国务院关于深化改革加强食品安全工作的意见》。该意见以习近平新时代中国特色社会主义思想为指导，全面贯彻党的十九大和十九届二中、三中全会精神，提出到 2020 年、2035 年的总体目标，建立最严谨的标准，实施最严格的监督管理，提出严把流通销售质量安全关；要求建立覆盖基地贮藏、物流配送、市场批发、销售终端全链条的冷链配送系统，严格执行全过程温控标准和规范，落实食品运输在途监督管理责任，鼓励使用温控标签，防止食物脱冷变质；督促企业严格执行进货查验记录制度和保质期标识等规定，严查临期、过期食品翻新销售；提出严格执行畜禽屠宰检验检疫制度；加强食品集中交易市场监督管理，强化农产品产地准出和市场准入衔接；实行最严厉的处罚；坚持最严肃的问责；落实生产经营者主体责任；推动食品产业高质量发展；提高食品安全风险管理能力；等等。

中国流通领域食品安全党内法规如表 2—16 所示。

表 2-16　中国流通领域食品安全党内法规

党内法规	发布机关	发布施行日期
《中央机构编制委员会办公室关于进一步明确食品安全监管部门职责分工有关问题的通知》	中央机构编制委员会办公室	2004 年 12 月 15 日
《关于国务院食品安全委员会办公室机构设置的通知》	中央机构编制委员会办公室	2010 年 12 月 6 日
《关于进一步加强道德诚信建设推进食品安全工作的意见》	国务院食品安全委员会办公室、中央文明办、农业部、商务部、卫生部、国家工商行政管理总局、国家质量监督检验检疫总局、国家食品药监督管理局	2012 年 10 月 12 日
《中共中央、国务院关于深化改革加强食品安全工作的意见》	中共中央、国务院	2019 年 5 月 9 日

第三节　流通领域食品安全行政法规和行政规章

一、食品安全行政法规

（一）行政法规

1.《中华人民共和国食品安全法实施条例》

《食品安全法》颁布后，2009 年 7 月 20 日国务院第 557 号院令根据《食品安全法》制定并发布了《中华人民共和国食品安全法实施条例》（简称《食品安全法实施条例》），自公布之日起实施。《食品安全法实施条例》是重要的食品安全行政法规，在《食品安全法》的基础上增加了更为详细、可操作性的规定，具有很强的行政执法适用性（表 2-17、表 2-18、表 2-19）。

表 2-17　2009 年《食品安全法实施条例》对流通领域食品经营的规定

序号	内容
1	食品经营者应当依照法律、法规和食品安全标准从事经营活动，建立健全食品安全管理制度，采取有效管理措施，保证食品安全。 食品经营者对其经营的食品安全负责，对社会和公众负责，承担社会责任

表2-17(续)

序号	内容
2	食品经营者应当在依法取得相应的食品流通许可、餐饮服务许可后，办理工商登记。法律、法规对食品生产加工小作坊和食品摊贩另有规定的，依照其规定。 食品流通许可和餐饮服务许可的有效期为3年
3	食品经营者的经营条件发生变化，不符合食品经营要求的，食品经营者应当立即采取整改措施；有发生食品安全事故的潜在风险的，应当立即停止食品经营活动，并向所在地县级质量监督、工商行政管理或者食品药品监督管理部门报告；需要重新办理许可手续的，应当依法办理。 县级以上质量监督、工商行政管理、食品药品监督管理部门应当加强对食品经营者经营活动的日常监督检查；发现不符合食品生产经营要求情形的，应当责令立即纠正，并依法予以处理；不再符合经营许可条件的，应当依法撤销相关许可
4	食品经营企业应当依照《食品安全法》第三十二条的规定组织职工参加食品安全知识培训，学习食品安全法律、法规、规章、标准和其他食品安全知识，并建立培训档案
5	食品经营者应当依照《食品安全法》第三十四条的规定建立并执行从业人员健康检查制度和健康档案制度。从事接触直接入口食品工作的人员患有痢疾等消化道传染病，以及患有活动性肺结核、化脓性或者渗出性皮肤病等有碍食品安全的疾病的，食品经营者应当将其调整到其他不影响食品安全的工作岗位。 食品经营人员依照《食品安全法》第三十四条第二款规定进行健康检查
6	食品经营企业应当依照食品安全法的规定建立进货查验记录制度、食品出厂检验记录制度，如实记录法律规定记录的事项，或者保留载有相关信息的进货或者销售票据。记录、票据的保存期限不得少于2年
7	从事食品批发业务的经营企业销售食品，应当如实记录批发食品的名称、规格、数量、生产批号、保质期、购货者名称及联系方式、销售日期等内容，或者保留载有相关信息的销售票据。记录、票据的保存期限不得少于2年
8	从事食品批发业务的经营企业销售食品，应当如实记录批发食品的名称、规格、数量、生产批号、保质期、购货者名称及联系方式、销售日期等内容，或者保留载有相关信息的销售票据。记录、票据的保存期限不得少于2年
9	对依照《食品安全法》第五十三条规定被召回的食品，对因标签、标识或者说明书不符合食品安全标准而被召回的食品，食品生产者在采取补救措施且能保证食品安全的情况下可以继续销售；销售时应当向消费者明示补救措施。 县级以上质量监督、工商行政管理、食品药品监督管理部门应当将食品经营者停止经营不符合食品安全标准的食品的情况，记入食品经营者食品安全信用档案

表 2-18　2009 年《食品安全法实施条例》对流通领域食品监督管理的规定

序号	内容
1	县级以上地方人民政府应当履行食品安全法规定的职责；加强食品安全监督管理能力建设，为食品安全监督管理工作提供保障；建立健全食品安全监督管理部门的协调配合机制，整合、完善食品安全信息网络，实现食品安全信息共享和食品检验等技术资源的共享
2	食品安全监督管理部门应当依照《食品安全法》和本条例的规定公布食品安全信息，为公众咨询、投诉、举报提供方便，任何组织和个人有权向有关部门了解食品安全信息
3	县级以上地方人民政府依照《食品安全法》第七十六条规定制定的食品安全年度监督管理计划应当包含食品抽样检验的内容。对专供婴幼儿、老年人、病人等特定人群的主辅食品，应当重点加强抽样检验。 县级以上农业行政、质量监督、工商行政管理、食品药品监督管理部门应当按照食品安全年度监督管理计划进行抽样检验。抽样检验购买样品所需费用和检验费等，由同级财政列支
4	县级人民政府应当统一组织、协调本级卫生行政、农业行政、质量监督、工商行政管理、食品药品监督管理部门，依法对本行政区域内的食品生产经营者进行监督管理；对发生食品安全事故风险较高的食品生产经营者，应当重点加强监督管理。 在国务院卫生行政部门公布食品安全风险警示信息，或者接到所在地省、自治区、直辖市人民政府卫生行政部门依照本条例第十条规定通报的食品安全风险监测信息后，设区的市级和县级人民政府应当立即组织本级卫生行政、农业行政、质量监督、工商行政管理、食品药品监督管理部门采取有针对性的措施，防止发生食品安全事故
5	国务院卫生行政部门应当根据疾病信息和监督管理信息等，对发现的添加或者可能添加到食品中的非食品用化学物质和其他可能危害人体健康的物质的名录及检测方法予以公布；国务院质量监督、工商行政管理和国家食品药品监督管理部门应当采取相应的监督管理措施
6	质量监督、工商行政管理、食品药品监督管理部门在食品安全监督管理工作中可以采用国务院质量监督、工商行政管理和国家食品药品监督管理部门认定的快速检测方法对食品进行初步筛查；对初步筛查结果表明可能不符合食品安全标准的食品，应当依照《食品安全法》第六十条第三款的规定进行检验。初步筛查结果不得作为执法依据
7	《食品安全法》第八十二条第二款规定的食品安全日常监督管理信息包括：①依照食品安全法实施行政许可的情况；②责令停止经营的食品、食品添加剂、食品相关产品的名录；③查处食品经营违法行为的情况；④专项检查整治工作情况；⑤法律、行政法规规定的其他食品安全日常监督管理信息。 前款规定的信息涉及两个以上食品安全监督管理部门职责的，由相关部门联合公布

表2-18(续)

序号	内容
8	食品安全监督管理部门依照《食品安全法》第八十二条规定公布信息,应当同时对有关食品可能产生的危害进行解释、说明
9	卫生行政、农业行政、质量监督、工商行政管理、食品药品监督管理等部门应当公布本单位的电子邮件地址或者电话,接受咨询、投诉、举报;对接到的咨询、投诉、举报,应当依照《食品安全法》第八十条的规定进行答复、核实、处理,并对咨询、投诉、举报和答复、核实、处理的情况予以记录、保存
10	国务院工业和信息化、商务等部门依据职责制定食品行业的发展规划和产业政策,采取措施推进产业结构优化,加强对食品行业诚信体系建设的指导,促进食品行业健康发展

表 2-19　2009 年《食品安全法实施条例》对流通领域法律责任的规定

序号	内容
1	食品生产经营者的生产经营条件发生变化,未依照本条例第二十一条规定处理的,由有关主管部门责令改正,给予警告;造成严重后果的,依照《食品安全法》第八十五条的规定给予处罚
2	从事食品批发业务的经营企业未依照本条例第二十九条规定记录、保存销售信息或者保留销售票据的,依照《食品安全法》第八十七条的规定给予处罚
3	发生食品安全事故的单位未依照本条例第四十三条规定采取措施并报告的,依照《食品安全法》第八十八条的规定给予处罚
4	县级以上地方人民政府不履行食品安全监督管理法定职责,本行政区域出现重大食品安全事故、造成严重社会影响的,依法对直接负责的主管人员和其他直接责任人员给予记大过、降级、撤职或者开除的处分。 县级以上卫生行政、农业行政、质量监督、工商行政管理、食品药品监督管理部门或者其他有关行政部门不履行食品安全监督管理法定职责、日常监督检查不到位或者滥用职权、玩忽职守、徇私舞弊的,依法对直接负责的主管人员和其他直接责任人员给予记大过或者降级的处分;造成严重后果的,给予撤职或者开除的处分;其主要负责人应当引咎辞职

　　《食品安全法》于 2015 年 4 月 24 日修订、2015 年 10 月 1 日正式实施。与此相对应,2016 年 2 月 6 日国务院令第 666 号对《食品安全法实施条例》修订并公布施行,仅对第二十条有关流通领域食品经营的规定进行了修改,对其他流通领域食品经营的规定、流通领域食品监督管理的规定、流通领域法律责任的规定与 2009 年《食品安全法实施条例》的规定保持一致(表 2-20)。

表 2-20 2016 年《食品安全法实施条例》对流通领域食品经营规定的修改

序号	内容
1	将"食品流通许可、餐饮服务许可"修改为"食品经营许可"。 规定：食品经营者应当依法取得相应的食品经营许可。法律、法规对食品生产加工小作坊和食品摊贩另有规定的，依照其规定。食品经营许可的有效期为 3 年

《食品安全法》于 2018 年 12 月 29 日修正。与此相对应，2019 年 3 月 26 日国务院第 42 次常务会议通过《食品安全法实施条例》的修订，2019 年 10 月 11 日国务院令第 721 号予以公布，自 2019 年 12 月 1 日起施行。在内容上，该条例从之前的 10 章 64 条扩充至 10 章 86 条，坚持"最严谨的标准、最严格的监督管理、最严厉的处罚、最严肃的问责"的"四个最严"要求，对《食品安全法》进行了细化和补充规定，被称为"史上最严"《食品安全法实施条例》（表 2-21、表 2-22、表 2-23）。

表 2-21 2019 年《食品安全法实施条例》对流通领域食品经营的规定

序号	内容
1	修改：将"食品经营者应当采取有效管理措施"修改为"食品经营者应当采取有效措施预防和控制食品安全风险。" 删除："食品经营者对其经营的食品安全负责，对社会和公众负责，承担社会责任。"
2	修改：将"食品经营许可的有效期为 3 年"修改为"食品经营许可的有效期为 5 年"
3	删除："有发生食品安全事故的潜在风险的，应当立即停止食品经营活动，并向所在地县级质量监督、工商行政管理或者食品药品监督管理部门报告。" 删除："县级以上质量监督、工商行政管理、食品药品监督管理部门应当加强对食品生产经营者生产经营活动的日常监督检查；发现不符合食品生产经营要求情形的，应当责令立即纠正，并依法予以处理；不再符合生产经营许可条件的，应当依法撤销相关许可。"
4	增加："食品经营者应当建立食品安全追溯体系，依照《食品安全法》的规定如实记录并保存进货查验、食品销售等信息，保证食品可追溯。"
5	增加："食品经营企业的主要负责人对本企业的食品安全工作全面负责，建立并落实本企业的食品安全责任制，加强供货者管理、经营过程控制、食品安全自查等工作。食品经营企业的食品安全管理人员应当协助企业主要负责人做好食品安全管理工作。"

表2-21(续)

序号	内容
6	删除:"食品经营企业应当依照《食品安全法》第三十二条的规定组织职工参加食品安全知识培训,学习食品安全法律、法规、规章、标准和其他食品安全知识,并建立培训档案。" 增加:"食品经营企业应当加强对食品安全管理人员的培训和考核。食品安全管理人员应当掌握与其岗位相适应的食品安全法律、法规、标准和专业知识,具备食品安全管理能力。食品安全监督管理部门应当对企业食品安全管理人员进行随机监督抽查考核。考核指南由国务院食品安全监督管理部门制定、公布。"
7	增加:"食品经营者不得在食品加工场所贮存依照本条例第六十三条规定制定的名录中的物质。"
8	删除:"食品经营者应当依照《食品安全法》第三十四条的规定建立并执行从业人员健康检查制度和健康档案制度。从事接触直接入口食品工作的人员患有痢疾等消化道传染病,以及患有活动性肺结核、化脓性或者渗出性皮肤病等有碍食品安全的疾病的,食品经营者应当将其调整到其他不影响食品安全的工作岗位。食品经营人员依照《食品安全法》第三十四条第二款规定进行健康检查。"
9	删除:"食品经营企业应当依照《食品安全法》的规定建立进货查验记录制度、食品出厂检验记录制度,如实记录法律规定记录的事项,或者保留载有相关信息的进货或者销售票据。记录、票据的保存期限不得少于2年。"
10	增加:"对食品进行辐照加工,应当遵守食品安全国家标准,并按照食品安全国家标准的要求对辐照加工食品进行检验和标注。"
11	增加:"贮存、运输对温度、湿度等有特殊要求的食品,应当具备保温、冷藏或者冷冻等设备设施,并保持有效运行。"
12	增加:"食品经营者委托贮存、运输食品的,应当对受托方的食品安全保障能力进行审核,并监督受托方按照保证食品安全的要求贮存、运输食品。受托方应当保证食品贮存、运输条件符合食品安全的要求,加强食品贮存、运输过程管理。" 增加:"接受食品经营者委托贮存、运输食品的,应当如实记录委托方和收货方的名称、地址、联系方式等内容。记录保存期限不得少于贮存、运输结束后2年。" 增加:"非食品经营者从事对温度、湿度等有特殊要求的食品贮存业务的,应当自取得营业执照之日起30个工作日内向所在地县级人民政府食品安全监督管理部门备案。"

表2-21(续)

序号	内容
13	增加："食品经营者应当对变质、超过保质期或者回收的食品进行显著标示或者单独存放在有明确标志的场所，及时采取无害化处理、销毁等措施并如实记录。" 增加："食品安全法所称回收食品，是指已经售出，因违反法律、法规、食品安全标准或者超过保质期等原因，被召回或者退回的食品，不包括依照《食品安全法》第六十三条第三款的规定可以继续销售的食品。"
14	增加："县级以上地方人民政府根据需要建设必要的食品无害化处理和销毁设施。食品经营者可以按照规定使用政府建设的设施对食品进行无害化处理或者予以销毁。"
15	增加："食品集中交易市场的开办者、食品展销会的举办者应当在市场开业或者展销会举办前向所在地县级人民政府食品安全监督管理部门报告。"
16	增加："经营转基因食品应当显著标示，标示办法由国务院食品安全监督管理部门会同国务院农业行政部门制定。"
17	增加："禁止利用包括会议、讲座、健康咨询在内的任何方式对食品进行虚假宣传。"
18	增加："特殊医学用途配方食品中的特定全营养配方食品应当通过医疗机构或者药品零售企业向消费者销售。医疗机构、药品零售企业销售特定全营养配方食品的，不需要取得食品经营许可，但是应当遵守食品安全法和本条例关于食品销售的规定。"
19	增加："特殊医学用途配方食品中的特定全营养配方食品广告按照处方药广告管理，其他类别的特殊医学用途配方食品广告按照非处方药广告管理。"
20	增加："对保健食品之外的其他食品，不得声称具有保健功能。" 增加："对添加食品安全国家标准规定的选择性添加物质的婴幼儿配方食品，不得以选择性添加物质命名。"
21	增加："特殊食品的标签、说明书内容应当与注册或者备案的标签、说明书一致。销售特殊食品，应当核对食品标签、说明书内容是否与注册或者备案的标签、说明书一致，不一致的不得销售。省级以上人民政府食品安全监督管理部门应当在其网站上公布注册或者备案的特殊食品的标签、说明书。" 增加："特殊食品不得与普通食品或者药品混放销售。"

表 2-22　2019 年《食品安全法实施条例》对流通领域食品监督管理的规定

序号	内容
1	删除："县级以上地方人民政府应当履行食品安全法规定的职责；加强食品安全监督管理能力建设，为食品安全监督管理工作提供保障；建立健全食品安全监督管理部门的协调配合机制，整合、完善食品安全信息网络，实现食品安全信息共享和食品检验等技术资源的共享。"
2	增加："国务院食品安全委员会负责分析食品安全形势，研究部署、统筹指导食品安全工作，提出食品安全监督管理的重大政策措施，督促落实食品安全监督管理责任。县级以上地方人民政府食品安全委员会按照本级人民政府规定的职责开展工作。"
3	增加："县级以上人民政府建立统一权威的食品安全监督管理体制，加强食品安全监督管理能力建设。" 增加："县级以上人民政府食品安全监督管理部门和其他有关部门应当依法履行职责，加强协调配合，做好食品安全监督管理工作。" 增加："乡镇人民政府和街道办事处应当支持、协助县级人民政府食品安全监督管理部门及其派出机构依法开展食品安全监督管理工作。"
4	删除："食品安全监督管理部门应当依照《食品安全法》和本条例的规定公布食品安全信息，为公众咨询、投诉、举报提供方便；任何组织和个人有权向有关部门了解食品安全信息。"
5	增加："网络食品交易第三方平台提供者应当妥善保存入网食品经营者的登记信息和交易信息。县级以上人民政府食品安全监督管理部门开展食品安全监督检查、食品安全案件调查处理、食品安全事故处置确需了解有关信息的，经其负责人批准，可以要求网络食品交易第三方平台提供者提供，网络食品交易第三方平台提供者应当按照要求提供。县级以上人民政府食品安全监督管理部门及其工作人员对网络食品交易第三方平台提供者提供的信息依法负有保密义务。"
6	增加："食品安全监督管理部门发现虚假宣传行为的，应当依法及时处理。"
7	删除："县级以上地方人民政府依照《食品安全法》第七十六条规定制定的食品安全年度监督管理计划，应当包含食品抽样检验的内容。对专供婴幼儿、老年人、病人等特定人群的主辅食品，应当重点加强抽样检验。" 删除："县级以上农业行政、质量监督、工商行政管理、食品药品监督管理部门应当按照食品安全年度监督管理计划进行抽样检验。抽样检验购买样品所需费用和检验费等，由同级财政列支。"

表2-22（续）

序号	内容
8	删除："县级人民政府应当统一组织、协调本级卫生行政、农业行政、质量监督、工商行政管理、食品药品监督管理部门，依法对本行政区域内的食品生产经营者进行监督管理；对发生食品安全事故风险较高的食品生产经营者，应当重点加强监督管理。" 删除："在国务院卫生行政部门公布食品安全风险警示信息，或者接到所在地省、自治区、直辖市人民政府卫生行政部门依照本条例第十条规定通报的食品安全风险监测信息后，设区的市级和县级人民政府应当立即组织本级卫生行政、农业行政、质量监督、工商行政管理、食品药品监督管理部门采取有针对性的措施，防止发生食品安全事故。"
9	增加："设区的市级以上人民政府食品安全监督管理部门根据监督管理工作需要，可以对由下级人民政府食品安全监督管理部门负责日常监督管理的食品生产经营者实施随机监督检查，也可以组织下级人民政府食品安全监督管理部门对食品生产经营者实施异地监督检查。" 增加："设区的市级以上人民政府食品安全监督管理部门认为必要的，可以直接调查处理下级人民政府食品安全监督管理部门管辖的食品安全违法案件，也可以指定其他下级人民政府食品安全监督管理部门调查处理。"
10	删除："质量监督、工商行政管理、食品药品监督管理部门在食品安全监督管理工作中可以采用国务院质量监督、工商行政管理和国家食品药品监督管理部门认定的快速检测方法对食品进行初步筛查；对初步筛查结果表明可能不符合食品安全标准的食品，应当依照《食品安全法》第六十条第三款的规定进行检验。初步筛查结果不得作为执法依据。"
11	增加："国家建立食品安全检查员制度，依托现有资源加强职业化检查员队伍建设，强化考核培训，提高检查员专业化水平。"
12	修改：将"国务院卫生行政部门应当根据疾病信息和监督管理信息等，对发现的添加或者可能添加到食品中的非食品用化学物质和其他可能危害人体健康的物质的名录及检测方法予以公布；国务院质量监督、工商行政管理和国家食品药品监督管理部门应当采取相应的监督管理措施"修改为"国务院食品安全监督管理部门会同国务院卫生行政等部门根据食源性疾病信息、食品安全风险监测信息和监督管理信息等，对发现的添加或者可能添加到食品中的非食品用化学物质和其他可能危害人体健康的物质，制定名录及检测方法并予以公布。"
13	增加："县级以上人民政府食品安全监督管理部门依照《食品安全法》第一百一十条的规定实施查封、扣押措施，查封、扣押的期限不得超过30日；情况复杂的，经实施查封、扣押措施的食品安全监督管理部门负责人批准，可以延长，延长期限不得超过45日。"

表2-22（续）

序号	内容
14	增加："网络食品交易第三方平台多次出现入网食品经营者违法经营或者入网食品经营者的违法经营行为造成严重后果的，县级以上人民政府食品安全监督管理部门可以对网络食品交易第三方平台提供者的法定代表人或者主要负责人进行责任约谈。"
15	增加："国家实行食品安全违法行为举报奖励制度，对查证属实的举报，给予举报人奖励。举报人举报所在企业食品安全重大违法犯罪行为的，应当加大奖励力度。有关部门应当对举报人的信息予以保密，保护举报人的合法权益。食品安全违法行为举报奖励办法由国务院食品安全监督管理部门会同国务院财政等有关部门制定。食品安全违法行为举报奖励资金纳入各级人民政府预算。"
16	增加："国务院食品安全监督管理部门应当会同国务院有关部门建立守信联合激励和失信联合惩戒机制，结合食品生产经营者信用档案，建立严重违法生产经营者黑名单制度，将食品安全信用状况与准入、融资、信贷、征信等相衔接，及时向社会公布。"

表 2-23　2019 年《食品安全法实施条例》对流通领域法律责任的规定

序号	内容
1	删除："食品生产经营者的生产经营条件发生变化，未依照本条例第二十一条规定处理的，由有关主管部门责令改正，给予警告；造成严重后果的，依照《食品安全法》第八十五条的规定给予处罚。"
2	删除："食品生产经营者的生产经营条件发生变化，未依照本条例第二十一条规定处理的，由有关主管部门责令改正，给予警告；造成严重后果的，依照《食品安全法》第八十五条的规定给予处罚。"
3	删除："发生食品安全事故的单位未依照本条例第四十三条规定采取措施并报告的，依照《食品安全法》第八十八条的规定给予处罚。"
4	增加："有下列情形之一的，属于《食品安全法》第一百二十三条至第一百二十六条、第一百三十二条以及本条例第七十二条、第七十三条规定的情节严重情形。①违法行为涉及的产品货值金额 2 万元以上或者违法行为持续时间 3 个月以上；②造成食源性疾病并出现死亡病例，或者造成 30 人以上食源性疾病但未出现死亡病例；③故意提供虚假信息或者隐瞒真实情况；④拒绝、逃避监督检查；⑤因违反食品安全法律、法规受到行政处罚后 1 年内又实施同一性质的食品安全违法行为，或者因违反食品安全法律、法规受到刑事处罚后又实施食品安全违法行为；⑥其他情节严重的情形。对情节严重的违法行为处以罚款时，应当依法从重从严。"

表2-23(续)

序号	内容
5	增加："有下列情形之一的，依照《食品安全法》第一百二十五条第一款、本条例第七十五条的规定给予处罚。①在食品加工场所贮存依照本条例第六十三条规定制定的名录中的物质；②生产经营的保健食品之外的食品的标签、说明书声称具有保健功能；③以食品安全国家标准规定的选择性添加物质命名婴幼儿配方食品；④经营的特殊食品的标签、说明书内容与注册或者备案的标签、说明书不一致。"
6	增加："有下列情形之一的，依照《食品安全法》第一百二十六条第一款、本条例第七十五条的规定给予处罚。①接受食品经营者委托贮存、运输食品，未按照规定记录保存信息；②食品经营者未按照规定对变质、超过保质期或者回收的食品进行标示或者存放，或者未及时对上述食品采取无害化处理、销毁等措施并如实记录；③医疗机构和药品零售企业之外的单位或者个人向消费者销售特殊医学用途配方食品中的特定全营养配方食品；④将特殊食品与普通食品或者药品混放销售。"
7	增加："除《食品安全法》第一百二十五条第一款、第一百二十六条规定的情形外，食品经营者的经营行为不符合食品安全法第三十三条第一款第五项、第七项至第十项的规定，或者不符合有关食品经营过程要求的食品安全国家标准的，依照食品安全法第一百二十六条第一款、本条例第七十五条的规定给予处罚。"
8	增加："从事对温度、湿度等有特殊要求的食品贮存业务的非食品经营者，食品集中交易市场的开办者，食品展销会的举办者，未按照规定备案或者报告的，由县级以上人民政府食品安全监督管理部门责令改正，给予警告；拒不改正的，处1万元以上5万元以下罚款；情节严重的，责令停产停业，并处5万元以上20万元以下罚款。"
9	增加："利用会议、讲座、健康咨询等方式对食品进行虚假宣传的，由县级以上人民政府食品安全监督管理部门责令消除影响，有违法所得的，没收违法所得；情节严重的，依照《食品安全法》第一百四十条第五款的规定进行处罚；属于单位违法的，还应当依照本条例第七十五条的规定对单位的法定代表人、主要负责人、直接负责的主管人员和其他直接责任人员给予处罚。"
10	增加："食品经营者经营的食品符合食品安全标准但不符合食品所标注的企业标准规定的食品安全指标的，由县级以上人民政府食品安全监督管理部门给予警告，并责令食品经营者停止经营该食品；拒不停止经营，没收不符合企业标准规定的食品安全指标的食品，货值金额不足1万元的，并处1万元以上5万元以下罚款，货值金额1万元以上的，并处货值金额5倍以上10倍以下罚款。"

表2-23（续）

序号	内容
11	增加："食品经营企业等单位有食品安全法规定的违法情形，除依照《食品安全法》的规定给予处罚外，有下列情形之一的，对单位的法定代表人、主要负责人、直接负责的主管人员和其他直接责任人员处以其上一年度从本单位取得收入的1倍以上10倍以下罚款。①故意实施违法行为；②违法行为性质恶劣；③违法行为造成严重后果。属于《食品安全法》第一百二十五条第二款规定情形的，不适用前款规定。"
12	增加："食品生产经营者依照《食品安全法》第六十三条第一款、第二款的规定停止生产、经营，实施食品召回，或者采取其他有效措施减轻或者消除食品安全风险，未造成危害后果的，可以从轻或者减轻处罚。"
13	增加："县级以上地方人民政府食品安全监督管理等部门对有《食品安全法》第一百二十三条规定的违法情形且情节严重，可能需要行政拘留的，应当及时将案件及有关材料移送同级公安机关。公安机关认为需要补充材料的，食品安全监督管理等部门应当及时提供。公安机关经审查认为不符合行政拘留条件的，应当及时将案件及有关材料退回移送的食品安全监督管理等部门。"
14	增加："公安机关对发现的食品安全违法行为，经审查没有犯罪事实或者立案侦查后认为不需要追究刑事责任，但依法应当予以行政拘留的，应当及时做出行政拘留的处罚决定；不需要予以行政拘留但依法应当追究其他行政责任的，应当及时将案件及有关材料移送同级食品安全监督管理等部门。"
15	删除："县级以上地方人民政府不履行食品安全监督管理法定职责，本行政区域出现重大食品安全事故、造成严重社会影响的，依法对直接负责的主管人员和其他直接责任人员给予记大过、降级、撤职或者开除的处分。" 删除："县级以上卫生行政、农业行政、质量监督、工商行政管理、食品药品监督管理部门或者其他有关行政部门不履行食品安全监督管理法定职责、日常监督检查不到位或者滥用职权、玩忽职守、徇私舞弊的，依法对直接负责的主管人员和其他直接责任人员给予记大过或者降级的处分；造成严重后果的，给予撤职或者开除的处分；其主要负责人应当引咎辞职。"
16	增加："发布未依法取得资质认定的食品检验机构出具的食品检验信息，或者利用上述检验信息对食品、食品经营者进行等级评定，欺骗、误导消费者的，由县级以上人民政府食品安全监督管理部门责令改正。有违法所得的，没收违法所得，并处10万元以上50万元以下罚款；拒不改正的，处50万元以上100万元以下罚款；构成违反治安管理行为的，由公安机关依法给予治安管理处罚。"
17	增加："食品安全监督管理部门依照《食品安全法》、本条例对违法单位或者个人处以30万元以上罚款的，由设区的市级以上人民政府食品安全监督管理部门决定。罚款具体处罚权限由国务院食品安全监督管理部门规定。"

表2-23（续）

序号	内容
18	增加："阻碍食品安全监督管理等部门工作人员依法执行职务，构成违反治安管理行为的，由公安机关依法给予治安管理处罚。"
19	增加："县级以上人民政府食品安全监督管理等部门发现单位或者个人违反《食品安全法》第一百二十条第一款规定，编造、散布虚假食品安全信息，涉嫌构成违反治安管理行为的，应当将相关情况通报同级公安机关。"
20	增加："县级以上人民政府食品安全监督管理部门及其工作人员违法向他人提供网络食品交易第三方平台提供者提供的信息的，依照《食品安全法》第一百四十五条的规定给予处分。"
21	增加："违反本条例规定，构成犯罪的，依法追究刑事责任。"

2.《粮食流通管理条例》

为了保护粮食生产者的积极性，促进粮食生产，维护经营者、消费者的合法权益，保障国家粮食安全，维护粮食流通秩序，根据有关法律，2004年5月26日国务院令第407号《粮食流通管理条例》公布实施。之后历经2013年7月18日国务院令第638号《国务院关于废止和修改部分行政法规的决定》的第一次修订、2016年2月6日《国务院关于修改部分行政法规的决定》的第二次修订、2021年1月4日国务院令第740号的第三次修订。该条例包括总则、粮食经营、宏观调控、监督检查、法律责任和附则共六章。该条例明确规定，国家鼓励多种所有制市场主体从事粮食经营活动，促进公平竞争；保护依法从事的粮食经营活动，严禁以非法手段阻碍粮食自由流通。大豆、油料和食用植物油的收购、销售、贮存、运输、加工、进出口等经营活动，适用该条例除应当向收购地的县级人民政府粮食和储备行政管理部门备案以外的规定。

3.《中央储备粮管理条例》

为了加强对中央储备粮的管理，保证中央储备粮数量真实、质量良好和贮存安全，保护农民利益，维护粮食市场稳定，有效发挥中央储备粮在国家宏观调控中的作用，2003年8月15日国务院令第388号《中央储备粮管理条例》公布实施，之后历经2011年1月8日国务院令第588号《国务院关于废止和修改部分行政法规的决定》的第一次修订、2016年2月6日《国务院关于修改部分行政法规的决定》的第二次修订，包括总则、中央储备粮的计划、中央储备粮的贮存、中央储备粮的动用、监督检查、法律责任和附则。该条例规定中央储备粮的收购、销售、轮换原则上应当通过规范的粮食批发市场公开进行，也可以通过国家规定的其他方式进行。中国储备粮管理总公司具体负责中央储备粮的经营管理，并对中央储备粮的数量、质量和贮存安全负责。

4.《国务院关于加强食品等产品安全监督管理的特别规定》

为了加强食品等产品的安全监督管理，进一步明确生产经营者、监督管理部门和地方人民政府的责任，加强各监督管理部门的协调、配合，保障人体健康和生命安全，2007 年 7 月 25 日国务院令第 503 号《国务院关于加强食品等产品安全监督管理的特别规定》公布并施行，规定经营者应当对其销售的产品安全负责，不得销售不符合法定要求的产品。对产品安全监督管理，法律有规定的，适用法律规定；法律没有规定或者规定不明确的，适用本规定。

5.《乳品质量安全监督管理条例》

为了加强乳品质量安全监督管理，保证乳品质量安全，保障公众身体健康和生命安全，促进奶业健康发展，2008 年 10 月 9 日国务院令第 536 号《乳品质量安全监督管理条例》公布并施行。全文包括总则、奶畜养殖、生鲜乳收购、乳制品生产、乳制品销售、监督检查、法律责任和附则共 8 章。

该条例所称乳品，是指生鲜乳和乳制品。条例规定生鲜乳收购者、乳制品生产企业和销售者对其收购、运输、销售的乳品质量安全负责，是乳品质量安全的第一责任者；禁止在生鲜乳收购、贮存、运输、销售过程中添加任何物质；县级以上地方人民政府对本行政区域内的乳品质量安全监督管理负总责；从事乳制品销售应当按照食品安全监督管理的有关规定，依法申请领取有关证照；乳制品销售者应当建立并执行进货查验制度，审验供货商的经营资格，验明乳制品合格证明和产品标识，建立乳制品进货台账，进货台账和销售台账保存期限不得少于 2 年；乳制品销售者应当采取措施，保持所销售乳制品的质量，销售需要低温保存的乳制品的，应当配备冷藏设备或者采取冷藏措施；禁止购进、销售无质量合格证明、无标签或者标签残缺不清的乳制品；禁止购进、销售过期、变质或者不符合乳品质量安全国家标准的乳制品；乳制品销售者不得伪造产地，不得伪造或者冒用他人的厂名、厂址，不得伪造或者冒用认证标志等质量标志；对不符合乳品质量安全国家标准、存在危害人体健康和生命安全或者可能危害婴幼儿身体健康和生长发育的乳制品，销售者应立即停止销售，追回已经售出的乳制品，并记录追回情况；乳制品销售者自行发现其销售的乳制品有前款规定情况的，还应当立即报告所在地工商行政管理等有关部门，通知乳制品生产企业；乳制品销售者应当向消费者提供购货凭证，履行不合格乳制品的更换、退货等义务和享有追偿权。条例还规定了流通领域乳品的监督管理和相应的法律责任。

流通领域食品安全现行有效行政法规见表 2-24。

表 2-24　流通领域食品安全现行有效行政法规

行政法规	发布机关	公布和修订时间	实施时间
《食品安全法实施条例》	国务院	2009 年 7 月 20 日公布 2016 年 2 月 6 日修订 2019 年 3 月 26 日修订 2019 年 10 月 11 日修订	2009 年 7 月 20 日实施 2019 年 12 月 1 实施
《粮食流通管理条例》	国务院	2004 年 5 月 26 日公布 2013 年 7 月 18 日修订 2016 年 2 月 6 日修订 2021 年 1 月 4 日修订	2004 年 5 月 26 日实施
《中央储备粮管理条例》	国务院	2003 年 8 月 15 日公布 2011 年 1 月 8 日修订 2016 年 2 月 6 日修订	2003 年 8 月 15 日实施
《关于加强食品等产品安全监督管理的特别规定》	国务院	2007 年 7 月 25 日公布	2007 年 7 月 25 日实施
《乳品质量安全监督管理条例》	国务院	2008 年 10 月 9 日公布	2008 年 10 月 9 日实施

（二）国务院规范性文件

1.《国务院办公厅关于印发食品安全整顿工作方案的通知》

2009 年 2 月 6 日国务院发布国办发〔2009〕8 号《国务院办公厅关于印发食品安全整顿工作方案的通知》。在三鹿牌婴幼儿奶粉事件发生后，国务院发布《食品安全整顿工作方案》，其中的"整顿任务"指出：在食品流通环节，应严格食品经营主体市场准入，查处无证、无照经营和超范围经营食品的行为。打击销售过期变质、假冒伪劣等不合格食品和扰乱食品市场秩序的行为。重点整顿售假问题突出的市场特别是农村市场和食杂店，重点检查消费者举报多的食品。该方案还提出了落实企业的食品安全主体责任、加强食品安全监督管理等七项整顿措施。

2.《国务院关于设立国务院食品安全委员会的通知》

2010 年 2 月 6 日，国务院发布国发〔2010〕6 号《国务院关于设立国务院食品安全委员会的通知》，提出为贯彻落实食品安全法，切实加强对食品安全工作的领导，设立国务院食品安全委员会，作为国务院食品安全工作的高层次议事协调机构。国务院食品安全委员会的主要职责是分析食品安全形势，研究部署、统筹指导食品安全工作；提出食品安全监督管理的重大政策措施；督促落实食品安全监督管理责任。

3.《国务院关于加强食品安全工作的决定》

2012 年 6 月 23 日国务院发布国发〔2012〕20 号《国务院关于加强食品安全工作的决定》，提出当前我国食品安全的基础仍然薄弱，违法违规行为时有发生，制约食品安全的深层次问题尚未得到根本解决；希望通过完善食品安全监督管理体制、健全食品安全工作机制、强化基层食品安全管理工作体系，进一步健全食品安全监督管理体系。

该决定提出从四方面加大食品安全监督管理力度：一是深入开展食品安全治理整顿，以日常消费的大宗食品和婴幼儿食品、保健食品等为重点，加大对食品集中交易市场、城乡接合部、中小学校园及周边等重点区域和场所的整治力度，坚决取缔制售有毒、有害食品的"黑工厂""黑作坊"和"黑窝点"，依法查处非法食品经营单位。二是严厉打击食品安全违法犯罪行为。严禁罚过放行、以罚代刑，确保对犯罪分子的刑事责任追究到位。坚持重典治乱，始终保持严厉打击食品安全违法犯罪的高压态势，使严惩重处成为食品安全治理常态。三是加强食用农产品监督管理。完善农产品质量安全监督管理体系，扩大对食用农产品的例行监测、监督抽查范围，严防不合格产品流入市场和生产加工环节。加强对农产品批发商、经纪人的管理，强化农产品运输、仓储等过程的质量安全监督管理。四是加强食品生产经营监督管理。在食品经营方面，严格实施食品经营许可制度，加强监督抽检、执法检查和日常巡查，完善现场检查制度，加大对食品经营单位的监督管理力度。建立健全食品退市、召回和销毁管理制度，防止过期食品等不合格食品回流食品生产经营环节。依法查处食品和保健食品虚假宣传以及在包装和标签标识等方面的违法行为。切实加强对食品生产加工小作坊、食品摊贩、小餐饮单位、小集贸市场及农村食品加工场所等的监督管理。

4.《国务院办公厅关于印发食品安全重点工作安排的通知》（2013—2017 年）

国务院自 2009 年、2010 年连续两年发布《国务院关于印发食品安全整顿工作安排的通知》之后，于 2011 年始至 2017 年每年发布《国务院办公厅关于印发食品安全重点工作安排的通知》。除 2010 年发布的《国务院关于印发食品安全整顿工作安排的通知》和 2011 年、2012 年发布的《国务院办公厅关于印发食品安全重点工作安排的通知》已经失效，2013—2017 年每年发布的《国务院办公厅关于印发食品安全重点工作安排的通知》均为现行生效。

2013 年流通领域食品安全的重点工作是：坚决清理整顿不符合食品安全条件的经营单位，坚决取缔"黑工厂""黑作坊"和"黑窝点"；开展饲料农药兽药专项整治；开展私屠滥宰和"注水肉"等违法违规行为专项整治，加强对农贸市场和超市等生鲜肉经营场所、肉制品加工企业和餐饮服务单位等生鲜肉采购单位的监督检查，督促落实进货查验、索证索票制度；开展保健食品专项整治，完善保健食品生产、经营行政许可制度，整顿、关闭不符合规定的保健食品生产经营单位；开展食品标签标识问题专项整治，强化食品流通环节食品标签标识检查。

2014 年流通领域食品的安全重点工作是：深入开展婴幼儿配方乳粉专项整治，加强乳制品流通监督管理，严格执行进货查验和查验记录制度，进一步规范网络销售婴幼儿配方乳粉行为；开展畜禽屠宰和肉品专项整治，依法严惩出售未经肉品检验或经肉品检验不合格的肉制品等违法违规行为，加大对活禽交易市场的监督检查力度；开展食用油安全综合治理，依法严厉打击利用动物内脏、化工原料制售动物油脂，以次充好、以假充真、以不合格植物油冒充合格食用油等违法违规行为；开展农村食品安全专项整治，加大对农村地区、城乡接合部、小作坊聚集村等重点区域的食品安全整治力度，重点治理小卖部、小超市、流动摊贩、批发市场销售假冒伪劣、"三无"食品等违法行为；开展儿童食品、学校及周边食品安全专项整治，严格规范儿童食品经营许可准入条件、经营者责任义务，督促落实进货查验、索证索票制度，依法严厉查处校园周边销售低价劣质食品行为；开展超过保质期食品、回收食品专项整治，依法严厉打击违法违规经营和使用超过保质期食品和回收食品的行为，对退市的超过保质期食品和回收食品设立专门区域保存并加贴醒目标签；开展"非法添加"和"非法宣传"问题专项整治；开展网络食品交易和进出口食品专项整治；等等。

2015 年流通领域食品安全的重点工作是：加强食品经营全过程监督管理，围绕婴幼儿配方乳粉、婴幼儿辅助食品、乳制品、肉制品、食用植物油、大桶水、白酒等重点大宗食品开展综合治理，规范对小作坊、摊贩、网络销售等的管理；加强重点区域风险防控，加大对农产品和食品批发市场、农村集贸市场、城乡接合部等重点区域的监督管理力度；持续保持高压严打态势；针对严重危害食品安全的突出问题，强化刑事责任追究，依法严惩食品安全违法犯罪行为。

2016 年流通领域食品安全的重点工作是：突出重点问题综合整治，继续加强对婴幼儿配方乳粉和婴幼儿辅助食品、乳制品、肉制品、白酒、调味面制品、食用植物油、食品添加剂等重点产品的监督管理，规范食用农产品批发市场经营和互联网食品经营；严格落实生产经营主体责任；保持严惩重处违法犯罪高压态势，以查处走私冻品、互联网食品安全违法犯罪等案件为重点；落实食品安全责任制，制定对食品生产加工小作坊、食品摊贩、小餐饮的管理办法，督促监督管理部门切实落实日常检查和监督抽检责任，严格食品安全责任追究，严肃追究失职渎职人员责任；加快完善统一权威的食品安全监督管理体制和制度。

2017 年流通领域食品安全的重点工作是：严格经营过程监督管理，推进风险分级制度落地，在风险分级基础上加强日常监督检查，推进风险分级制度落地，在风险分级基础上加强日常监督检查，开展放心菜、放心肉超市创建活动，督促食用农产品批发市场、网络食品交易第三方平台开办者落实食品安全管理责任，鼓励有条件的地方对小摊贩、小餐饮实行集中规范管理，深入开展农村食品安全治理，加大对校园及周边地区食品安全监督管理力度；严厉打击食品安全违法犯罪活动，加大监督检查频次，严惩食品安全违法犯罪行为；建立统一权威的食品安全监督管理体制；落实食品安全责任制。

5.《国务院关于印发"十三五"国家食品安全规划和"十三五"国家药品安全规划的通知》

2017年2月14日，国务院发布国发〔2017〕12号《国务院关于印发"十三五"国家食品安全规划和"十三五"国家药品安全规划的通知》。《"十三五"国家食品安全规划》指出了"十三五"期间流通领域食品安全的主要任务：全面落实企业主体责任；严格过程监督管理，严把食品经营许可关，严格经营环节现场检查，严格特殊食品监督管理，严格网格化监督管理，严格互联网食品经营等新业态监督管理，加强互联网食品经营网上监测能力建设；落实网络平台食品经营资质审核责任，完善网上交易在线投诉和售后维权机制；强化抽样检验，食品安全抽样检验覆盖所有食品类别、品种，突出对食品中农药兽药残留的抽检，科学制订国家、省、市、县级抽检计划；严厉处罚违法违规行为，重点治理超范围超限量使用食品添加剂、使用工业明胶生产食品、使用工业乙醇生产酒类食品、使用工业硫黄熏蒸食物、违法使用瘦肉精、食品制作过程违法添加罂粟壳等物质、水产品违法添加孔雀石绿等禁用物质、生产经营企业虚假标注生产日期和保质期、用回收食品作为原料生产食品、保健食品标签宣传欺诈等危害食品安全的"潜规则"和相关违法行为。

6.《国务院办公厅关于加快发展冷链物流保障食品安全促进消费升级的意见》

为推动冷链物流行业健康规范发展，保障生鲜农产品和食品消费安全，2017年4月13日国务院办公厅发布国办发〔2017〕29号《国务院办公厅关于加快发展冷链物流保障食品安全促进消费升级的意见》，聚焦农产品产地"最先一公里"和城市配送"最后一公里"等突出问题。提出针对食品流通领域，健全冷链物流标准和服务规范体系，率先研究制定对鲜肉、水产品、乳及乳制品、冷冻食品等易腐食品温度控制的强制性标准并尽快实施，建立冷链物流全程温度记录制度，相关记录保存时间要超过产品保质期六个月；完善冷链物流基础设施网络，鼓励全国性、区域性农产品批发市场建设冷藏冷冻、流通加工冷链设施；鼓励冷链物流企业经营创新，鼓励有条件的冷链物流企业与农产品流通企业加强基础设施、生产能力、设计研发等方面的资源共享，优化冷链流通组织，鼓励连锁经营企业、大型批发企业和冷链物流企业利用自有设施提供社会化的冷链物流服务，开展冷链共同配送、"生鲜电商+冷链宅配"等经营模式创新；加大行业监督管理力度，健全冷链物流监督管理体系，在贮藏环节重点监督保质期、温度控制等，在销售终端重点监督冷藏、冷冻设施和贮存温度控制等，探索建立对运输环节制冷和温控记录设备合规合法使用的监督管理机制；创新管理体制机制，利用信息化手段完善现有监督管理方式，发挥大数据在冷链物流监督管理体系建设运行中的作用，通过数据收集、分析和管理完善事中事后监督管理。

7.《国务院办公厅关于调整国务院食品安全委员会组成人员的通知》

2018 年 6 月 20 日国务院办公厅发布国办发〔2018〕50 号《国务院办公厅关于调整国务院食品安全委员会组成人员的通知》，规定国务院食品安全委员会办公室设在市场监督管理总局，承担国务院食品安全委员会日常工作，办公室主任由市场监督管理总局党组书记、副局长兼任，办公室副主任由市场监督管理总局副局长兼任。

流通领域食品安全国务院规范性文件见表 2-25。

表 2-25　流通领域食品安全国务院规范性文件

国务院规范性文件	发布机关	实施时间	效力
《国务院办公厅关于印发食品安全整顿工作方案的通知》	国务院	2009 年 2 月 6 日	有效
《国务院关于设立国务院食品安全委员会的通知》	国务院	2010 年 2 月 6 日	有效
《国务院关于加强食品安全工作的决定》	国务院	2012 年 6 月 23 日	有效
《国务院关于印发食品安全整顿工作安排的通知》	国务院	2009 年 2 月 6 日	有效
《国务院关于印发食品安全整顿工作安排的通知》	国务院	2010 年 3 月 2 日	失效
《国务院办公厅关于印发食品安全重点工作安排的通知》	国务院	2011 年 3 月 15 日	失效
《国务院办公厅关于印发食品安全重点工作安排的通知》	国务院	2012 年 2 月 26 日	失效
《国务院办公厅关于印发食品安全重点工作安排的通知》	国务院	2013 年 4 月 7 日	有效

表2-25(续)

国务院规范性文件	发布机关	实施时间	效力
《国务院办公厅关于印发食品安全重点工作安排的通知》	国务院	2014年4月29日	有效
《国务院办公厅关于印发食品安全重点工作安排的通知》	国务院	2015年3月2日	有效
《国务院办公厅关于印发食品安全重点工作安排的通知》	国务院	2016年4月27日	有效
《国务院办公厅关于印发食品安全重点工作安排的通知》	国务院	2017年4月6日	有效
《关于印发"十三五"国家食品安全规划和"十三五"国家药品安全规划的通知》	国务院	2017年2月14日	有效
《国务院办公厅关于加快发展冷链物流保障食品安全促进消费升级的意见》	国务院	2017年4月13日	有效
《国务院办公厅关于调整国务院食品安全委员会组成人员的通知》	国务院	2018年6月20日	有效

二、食品安全行政规章

在过去实施食品安全分段式管理的模式下，国务院各部委，如商务部、原国家工商行政管理局、原国家质量监督检验检疫总局等在各自职责范围内对流通领域食品安全进行管理，颁布了大量有关流通流域食品安全的行政规章及规范性文件。由于国家食品安全管理机构改革，不少行政规章及规范性文件先后废止，由新成立的食品安全相关部门重新制定行政规章。

（一）已废止的有关流通领域食品安全的行政规章

1. 行政规章

（1）1993年8月30日国家工商行政管理局和卫生部发布的《食品广告管理办法》，1993年10月1日起施行，1996年12月17日废止；

（2）2009年7月30日国家工商行政管理总局发布并同时施行的《流通环节食品安全监督管理办法》，2015年11月10日废止；

（3）2009年7月30日国家工商行政管理总局发布并同时施行的《食品流通许可证管理办法》，2015年11月10日废止；

（4）2006年12月20日商务部发布的《流通领域食品安全管理办法》，2007年5月1日起施行，2016年7月18日废止；

（5）2014 年 2 月 14 日国家工商行政管理总局发布的《流通领域商品质量抽查检验办法》，2014 年 3 月 15 日施行，2020 年 1 月 1 日废止；

（6）2016 年 3 月 17 日国家工商行政管理总局发布的《流通领域商品质量监督管理办法》，2016 年 5 月 1 日起施行，2020 年 1 月 1 日废止；

（7）2010 年 12 月 29 日国家质量监督检验检疫总局发布的《产品质量监督抽查管理办法》，2011 年 2 月 1 日起施行，2020 年 1 月 1 日废止；

（8）1996 年 12 月 30 日国家工商行政管理局发布的《食品广告发布暂行规定》，1997 年 2 月 1 日起施行，1998 年 12 月 3 日由国家工商行政管理局修订施行，2020 年 3 月 1 日废止；

（9）2016 年 1 月 5 日国家食品药品监督管理总局发布的《食用农产品市场销售质量安全监督管理办法》，2016 年 3 月 1 日起施行，2023 年 12 月 1 日废止。

已废止的有关流通领域食品安全的行政规章见表 2-26。

表 2-26　已废止的有关流通领域食品安全的行政规章

行政规章	发布机关	实施时间	废止时间
《食品广告管理办法》	国家工商行政管理局和卫生部	1993 年 10 月 1 日	1996 年 12 月 17 日
《流通环节食品安全监督管理办法》	国家工商行政管理总局	2009 年 7 月 30 日	2015 年 11 月 10 日
《食品流通许可证管理办法》	国家工商行政管理总局	2009 年 7 月 30 日	2015 年 11 月 10 日
《流通领域食品安全管理办法》	商务部	2007 年 5 月 1 日	2016 年 7 月 18 日
《流通领域商品质量抽查检验办法》	国家工商行政管理总局	2014 年 3 月 15 日	2020 年 1 月 1 日
《流通领域商品质量监督管理办法》	国家工商行政管理总局	2016 年 5 月 1 日	2020 年 1 月 1 日
《产品质量监督抽查管理办法》	国家质量监督检验检疫总局	2011 年 2 月 1 日	2020 年 1 月 1 日
《食品广告发布暂行规定》	国家工商行政管理局	1997 年 2 月 1 日	2020 年 3 月 1 日
《食用农产品市场销售质量安全监督管理办法》	国家工商行政管理总局	2016 年 3 月 1 日	2023 年 12 月 1 日

2. 规范性文件

（1）2009 年 8 月 28 日国家工商行政管理总局发布的《食品市场主体准入登记管理制度》《食品市场质量监督管理制度》《食品市场巡查监督管理制度》《食品抽样检验工作制度》《食品市场分类监督管理制度》《食品安全预警和应急处置制度》《食品广告监督管理制度》《食品安全监督管理执法协调协作制度》共八项制度，2020 年 12 月 7 日废止。

（2）2009 年 10 月 28 日国家工商行政管理总局发布的《国家工商行政管理总局关于印发〈流通环节食品安全示范店规范指导意见〉的通知》，2020 年 12 月 7 日废止。

（3）2005 年 3 月 9 日国家粮食局印发且施行的《粮食监督检查行政处罚程序（试行）》《粮食监督检查工作规程（试行）》《粮食监督检查证件管理规定》，2023 年 1 月 1 日废止。

已废止的有关流通领域食品安全的行政规范性文件见表 2-27。

表 2-27　已废止的有关流通领域食品安全的行政规范性文件

规范性文件	发布机关	发布时间	废止时间
《食品市场主体准入登记管理制度》	国家工商行政管理总局	2009 年 8 月 28 日	2020 年 12 月 7 日
《食品市场质量监督管理制度》	国家工商行政管理总局	2009 年 8 月 28 日	2020 年 12 月 7 日
《食品市场巡查监督管理制度》	国家工商行政管理总局	2009 年 8 月 28 日	2020 年 12 月 7 日
《食品抽样检验工作制度》	国家工商行政管理总局	2009 年 8 月 28 日	2020 年 12 月 7 日
《食品市场分类监督管理制度》	国家工商行政管理总局	2009 年 8 月 28 日	2020 年 12 月 7 日
《食品安全预警和应急处置制度》	国家工商行政管理总局	2009 年 8 月 28 日	2020 年 12 月 7 日
《食品广告监督管理制度》	国家工商行政管理总局	2009 年 8 月 28 日	2020 年 12 月 7 日
《食品安全监督管理执法协调协作制度》	国家工商行政管理总局	2009 年 8 月 28 日	2020 年 12 月 7 日

表2-27(续)

规范性文件	发布机关	发布时间	废止时间
《流通环节食品安全示范店规范指导意见》	国家工商行政管理总局	2009年10月28日	2020年12月7日
《粮食监督检查行政处罚程序（试行）》	国家粮食局	2005年3月9日	2023年1月1日
《粮食监督检查工作规程（试行)》	国家粮食局	2005年3月9日	2023年1月1日
《粮食监督检查证件管理规定》	国家粮食局	2005年3月9日	2023年1月1日

（二）现行生效的有关流通领域食品安全的行政规章

2018年3月21日中共中央印发《深化党和国家机构改革方案》，将国家工商行政管理总局的职责、国家质量监督检验检疫总局的职责、国家食品药品监督管理总局的职责、国家发展和改革委员会的价格监督检查与反垄断执法职责、商务部的经营者集中反垄断执法以及国务院反垄断委员会办公室等职责整合，组建国家市场监督管理总局，作为国务院直属机构；保留国务院食品安全委员会、国务院反垄断委员会，其具体工作由国家市场监督管理总局承担。国家认证认可监督管理委员会、国家标准化管理委员会职责被划入国家市场监督管理总局，对外保留牌子。不再保留国家工商行政管理总局、国家质量监督检验检疫总局、国家食品药品监督管理总局。之后，国家市场监督管理总局等部门重新制定和颁布了一系列流通领域食品安全相关的行政规章。

1.《食品安全抽样检验管理办法》

为规范食品安全抽样检验工作，加强食品安全监督管理，保障公众身体健康和生命安全，根据《食品安全法》等法律法规，2019年8月8日国家市场监督管理总局令第15号《食品安全抽样检验管理办法》公布，自2019年10月1日起施行，后于2022年9月29日根据国家市场监督管理总局令第61号修正。该办法适用于市场监督管理部门组织实施的食品安全监督抽检和风险监测的抽样检验工作，内容包括总则、计划、抽样、检验与结果报送、复检和异议、核查处置及信息发布、法律责任和附则。对餐饮食品、食用农产品进入食品经营环节的抽样检验以及保质期短的食品、节令性食品的抽样检验，参照本办法执行。市场监督管理部门可以参照本办法关于网络食品安全监督抽检的规定对自动售卖机、无人超市等没有实际经营人员的食品经营者组织实施抽样检验。

2.《企业落实食品安全主体责任监督管理规定》

为了督促企业落实食品安全主体责任，强化企业主要负责人食品安全责任，规范食品安全管理人员行为，根据《食品安全法》及其实施条例等法律法规，2022年9月20日国家市场监督管理总局第12次局务会议通过并公布《企业落实食品安全主体责任监督管理规定》。该规定自2022年11月1日起施行，针对食品经营企业主要负责人以及食品安全总监、食品安全员等食品安全管理人员，依法落实其食品安全责任的行为并对其进行监督管理。网络食品交易第三方平台、大型食品仓储企业、食品集中交易市场开办者、食品展销会举办者可以参照本规定执行。

3.《网络食品安全违法行为查处办法》

为依法查处网络食品安全违法行为，加强网络食品安全监督管理，保证食品安全，根据《食品安全法》，2016年7月13日原国家食品药品监督管理总局令第27号公布《网络食品安全违法行为查处办法》。该办法自2016年10月1日起施行，后于2021年4月2日根据《国家市场监督管理总局关于废止和修改部分规章的决定》修改。该办法适用于中华人民共和国境内网络食品交易第三方平台提供者以及通过第三方平台或者自建的网站进行交易的食品经营者违反食品安全法律、法规、规章或者食品安全标准行为的查处，包括总则、网络食品安全义务、网络食品安全违法行为查处管理、法律责任和附则共五章。对食品生产加工小作坊、食品摊贩等的网络食品安全违法行为的查处，可以参照本办法执行。

4.《粮食流通行政执法办法》

为全面贯彻落实党的二十大精神，深入贯彻落实习近平新时代中国特色社会主义思想，全方位夯实粮食安全根基，规范粮食和物资储备行政管理部门（简称粮食和储备部门）粮食流通行政执法行为，根据《行政处罚法》《中华人民共和国行政强制法》（简称《行政强制法》）《粮食流通管理条例》等法律法规，《粮食流通行政执法办法》经国家发展和改革委员会第23次委务会议审议通过并公布，自2023年1月1日起施行。该办法适用于粮食和储备部门对粮食的收购、贮存、运输和政策性粮食购销等活动以及国家粮食流通统计制度执行情况的监督检查，包括总则、管辖、立案调查、查封、扣押、行政处罚决定（简易程序、普通程序、听证程序）、责任追究和附则共七章。大豆、油料和食用植物油的收购、销售、贮存、运输、加工等经营活动，适用本办法的规定。

5.《食用农产品市场销售质量安全监督管理办法》

为了规范食用农产品市场销售行为，加强食用农产品市场销售质量安全监督管理，保障食用农产品质量安全，根据《食品安全法》《农产品质量安全法》《食品安全法实施条例》等法律法规，2023 年 6 月 26 日国家市场监督管理总局令第 81 号公布，自 2023 年 12 月 1 日起施行《食用农产品市场销售质量安全监督管理办法》。该办法适用于食用农产品市场销售质量安全及其监督管理，包括食用农产品集中交易市场、商场、超市、便利店等固定场所销售食用农产品的活动，不适用于食用农产品收购行为，食品摊贩等销售食用农产品的具体管理规定由省、自治区、直辖市制定。

6.《农产品质量安全监测管理办法》

为加强农产品质量安全管理，规范农产品质量安全监测工作，根据《农产品质量安全法》《食品安全法》和《食品安全法实施条例》，2012 年 8 月 14 日农业部令 2012 年第 7 号公布《农产品质量安全监测管理办法》。该办法自 2012 年 10 月 1 日起施行，后于 2022 年 1 月 7 日根据农业农村部令 2022 年第 1 号修订。该办法适用于县级以上人民政府农业农村主管部门开展农产品质量安全监测工作，包括总则、风险监测、监督抽查、工作纪律和附则共五章。

7.《农产品质量安全检测机构考核办法》

为加强农产品质量安全检测机构管理，规范农产品质量安全检测机构考核，根据《农产品质量安全法》等有关法律法规的规定，2007 年 12 月 12 日中华人民共和国农业部令第 7 号发布《农产品质量安全检测机构考核办法》。该办法自 2008 年 1 月 1 日起施行。2017 年 11 月 30 日原农业部令第 8 号公布《农业部关于修改和废止部分规章、规范性文件的决定》，对《农产品质量安全检测机构考核办法》进行了修改。该办法包括总则、基本条件与能力要求、申请与评审、延续与变更、监督管理和附则共六章。

8.《农产品包装和标识管理办法》

为规范农产品生产经营行为，加强农产品包装和标识管理，建立健全农产品可追溯制度，保障农产品质量安全，依据《农产品质量安全法》，2006 年 9 月 30 日原农业部令第 70 号公布，自 2006 年 11 月 1 日起施行《农产品包装和标识管理办法》。该办法适用于农产品的包装和标识活动，包括总则、农产品包装、农产品标识、监督检查和附则共五章。

9.《食品召回管理办法》

为加强食品生产经营管理，减少和避免不安全食品的危害，保障公众身体健康和生命安全，根据《食品安全法》及其实施条例等法律法规的规定，2015 年 3 月 11 日原国家食品药品监督管理总局令第 12 号公布《食品召回管理办法》。该办法自 2015 年 9 月 1 日起施行，后于 2020 年 10 月 23 日根据国家市场监督管理总局令第 31 号修订。该办法适用于食品、食品添加剂和保健食品，在中华人民共和国境内，不安全食品的停止生产经营、召回和处置及其监督管理，食品经营者对进入批发、零售市场或者生产加工企业后的食用农产品的停止经营、召回和处置，参照本办法执行。

10.《药品、医疗器械、保健食品、特殊医学用途配方食品广告审查管理暂行办法》

为加强药品、医疗器械、保健食品和特殊医学用途配方食品广告监督管理，规范广告审查工作，维护广告市场秩序，保护消费者合法权益，根据《中华人民共和国广告法》等法律法规，2019 年 12 月 24 日国家市场监督管理总局令第 21 号发布《药品、医疗器械、保健食品、特殊医学用途配方食品广告审查管理暂行办法》。该办法规定未经审查不得发布保健食品和特殊医学用途配方食品广告；保健食品广告的内容应当以市场监督管理部门批准的注册证书或者备案凭证、注册或者备案的产品说明书内容为准；保健食品广告应当显著标明"保健食品不是药物，不能代替药物治疗疾病"，声明本品不能代替药物，并显著标明保健食品、适宜人群和不适宜人群；特殊医学用途配方食品广告的内容应当以国家市场监督管理总局批准的注册证书和产品标签、说明书为准；特殊医学用途配方食品广告应当显著标明适用人群、"不适用于非目标人群使用""请在医生或者临床营养师指导下使用"；保健食品和特殊医学用途配方食品广告应当显著标明广告批准文号。

现行生效有关流通领域食品安全的行政规章见表 2-28。

表 2-28　现行生效有关流通领域食品安全的行政规章

行政规章	发布机关	发布时间	实施时间
《食品安全抽样检验管理办法》	国家市场监督管理总局	2019 年 8 月 8 日	2019 年 10 月 1 日
《企业落实食品安全主体责任监督管理规定》	国家市场监督管理总局	2022 年 9 月 20 日	2022 年 11 月 1 日
《网络食品安全违法行为查处办法》	国家食品药品监督管理总局	2016 年 7 月 13 日	2016 年 10 月 1 日
《粮食流通行政执法办法》	国家发展和改革委员会	2022 年 11 月 23 日	2023 年 1 月 1 日
《食用农产品市场销售质量安全监督管理办法》	国家市场监督管理总局	2023 年 6 月 26 日	2023 年 12 月 1 日
《农产品质量安全监测管理办法》	农业部	2012 年 8 月 14 日	2012 年 10 月 1 日
《农产品质量安全检测机构考核办法》	农业部	2007 年 12 月 12 日	2008 年 1 月 1 日
《农产品包装和标识管理办法》	农业部	2006 年 9 月 30 日	2006 年 11 月 1 日
《食品召回管理办法》	国家食品药品监督管理总局	2015 年 3 月 11 日	2015 年 9 月 1 日
《药品、医疗器械、保健食品、特殊医学用途配方食品广告审查管理暂行办法》	国家市场监督管理总局	2019 年 12 月 24 日	2020 年 3 月 1 日

第四节　流通领域食品安全地方性法规

一、各省、自治区、直辖市制定的《食品安全条例》

为了保证食品安全，保障公众身体健康和生命安全，根据《食品安全法》和《食品安全法实施条例》等有关法律、法规的规定，各省、自治区、直辖市人民代表大会常务委员会结合本省实际，制定了本地的地方性法规《食品安全条例》，并紧随食品安全法的修订和修改而做出相应修改。

目前相关条例主要有：

（1）北京市 2012 年 12 月 27 日公布《北京市食品安全条例》，自 2013 年 4 月 1 日起施行；

（2）贵州省 2017 年 1 月 5 日公布《贵州省食品安全条例》，自 2017 年 5 月 1 日起施行；

（3）上海市 2017 年 1 月 20 日公布《上海市食品安全条例》，自 2017 年 3 月 20 日起施行；

（4）安徽省 2017 年 7 月 28 日公布《安徽省食品安全条例》，自 2017 年 12 月 1 日起施行；

（5）广西壮族自治区 2019 年 1 月 31 日公布《广西壮族自治区食品安全条例》，自 2019 年 6 月 1 日起施行；

（6）福建省 2021 年 5 月 28 日公布《福建省食品安全条例》，自 2021 年 5 月 28 日起施行；

（7）湖北省 2021 年 7 月 30 日公布《湖北省食品安全条例》，自 2021 年 7 月 30 日起施行；

（8）黑龙江省 2021 年 11 月 1 日公布《黑龙江省食品安全条例》，自 2021 年 11 月 1 日起施行；

（9）辽宁省 2022 年 4 月 21 日公布《辽宁省食品安全条例》，自 2022 年 4 月 21 日起施行；

（10）广东省 2023 年 11 月 23 日公布《湖北省食品安全条例》，自 2023 年 11 月 23 日起施行；

（11）天津市 2023 年 11 月 29 日公布《天津市食品安全条例》，自 2024 年 5 月 1 日起施行；

（12）山东省 2023 年 11 月 30 日公布《山东省食品安全条例》，自 2024 年 3 月 1 日起施行。

二、管理食品生产加工小作坊和食品摊贩等的地方性法规

《食品安全法》规定：食品生产加工小作坊和食品摊贩等的具体管理办法由省、自治区、直辖市制定。为了规范食品生产加工小作坊和食品摊贩的生产经营行为，传承饮食文化，方便群众生活，保证食品安全，保障公众身体健康和生命安全，根据《食品安全法》和《食品安全法实施条

例》等法律、行政法规，各省、自治区、直辖市人民代表大会常务委员会结合实际情况，制定管理本地食品生产加工小作坊和食品摊贩的地方性法规。比如：

（1）江苏省制定《江苏省食品小作坊和食品摊贩管理条例》；

（2）广东省制定《广东省食品生产加工小作坊和食品摊贩管理条例》；

（3）青海省制定《青海省食品生产加工小作坊和食品摊贩管理条例》；

（4）宁夏回族自治区制定《宁夏回族自治区食品生产加工小作坊和食品摊贩管理办法》；

（5）内蒙古自治区制定《内蒙古自治区食品生产加工小作坊和食品摊贩管理条例》；

（6）重庆市制定《食品小作坊和食品摊贩管理条例》。

由于《食品安全法》于 2015 年修订后将其他小型食品经营形式纳入"食品小作坊和食品摊贩"同等管理范畴，有些省、自治区、直辖市人民代表大会常务委员会将小餐饮店、小食杂店、小经营店、小食杂店、小摊点等其他小型食品经营形式与食品生产加工小作坊、食品摊贩一起纳入地方性规范管理，具体有：

（1）北京市制定《北京市小规模食品生产经营管理规定》；

（2）湖南省制定《湖南省食品生产加工小作坊小餐饮和食品摊贩管理条例》；

（3）广西壮族自治区制定《广西壮族自治区食品小作坊小餐饮和食品摊贩管理条例》；

（4）吉林省制定《吉林省食品小作坊小餐饮店小食杂店和食品摊贩管理条例》；

（5）山东省制定《山东省食品小作坊小餐饮和食品摊点管理条例》；

（6）河北省制定《河北省食品小作坊小餐饮小摊点管理条例》；

（7）江西省制定《江西省食品小作坊小餐饮小食杂店小摊贩管理条例》；

（8）四川省制定《四川省食品小作坊、小经营店及摊贩管理条例》；

（9）河南省制定《河南省食品小作坊、小经营店和小摊点管理条例》；

（10）山西省制定《山西省食品小作坊小经营店小摊点管理条例》；

（11）浙江省制定《浙江省食品小作坊小餐饮店小食杂店和食品摊贩管理规定》；

（12）新疆维吾尔自治区制定《新疆维吾尔自治区食品小作坊、小餐饮店、小食杂店和食品摊贩管理条例》；

（13）宁夏回族自治区制定《宁夏回族自治区食品生产加工小作坊小经营店和食品小摊点管理条例》；

（14）甘肃省制定《甘肃省食品小作坊小经营店小摊点监督管理条例》；

（15）陕西省制定《陕西省食品小作坊小餐饮及摊贩管理条例》。

三、农产品质量安全地方性法规

为了保障农产品质量安全，维护公众健康，促进农业和农村经济发展，根据《农产品质量安全法》和有关法律、行政法规，结合各地实际情况，各省、自治区、直辖市人民代表大会常务委员会制定本地农产品质量安全管理的地方性法规，主要有：

（1）安徽省制定《安徽省农产品质量安全条例》；

（2）山东省制定《山东省农产品质量安全条例》；

（3）江苏省制定《江苏省农产品质量安全条例》；

（4）贵州省制定《贵州省农产品质量安全条例》；

（5）甘肃省制定《甘肃省农产品质量安全条例》；

（6）辽宁省制定《辽宁省农产品质量安全条例》；

（7）海南省制定《海南省农产品质量安全条例》；

（8）山西省制定《山西省农产品质量安全条例》；

（9）黑龙江省制定《黑龙江省农产品质量安全条例》；

（10）湖北省制定《湖北省实施〈中华人民共和国农产品质量安全法〉办法》；

（11）新疆维吾尔自治区制定《新疆维吾尔自治区实施〈中华人民共和国农产品质量安全法〉办法》；

（12）宁夏回族自治区制定《宁夏回族自治区实施〈中华人民共和国农产品质量安全法〉办法》。

四、其他流通领域食品安全地方性法规

（1）安徽省制定《安徽省畜产品质量安全管理条例》；

（2）辽宁省制定《辽宁省畜禽产品质量安全管理条例》；

（3）广东省制定《广东省水产品质量安全条例》；

（4）浙江省制定《浙江省食品安全数字化追溯规定》；

（5）深圳经济特区制定《深圳经济特区食品安全监督条例》；

（6）成都市制定《成都市食用农产品质量安全条例》；

（7）福州市制定《福州市食用农产品质量安全管理办法》。

第三章 中国流通领域食品经营者的食品安全法律责任研究

第一节 食品经营者概述

一、食品经营者的概念

（一）食品经营者的内涵

从广义上讲，食品从生产领域进入流通领域，在到达用户之前，买卖食品的任何人都是食品经营者，其中包括制造者、批发商、进口商和零售商等；从狭义上讲，食品经营者是将食品卖给用户或消费者的人，通常是指零售商。①

《食品安全法》将食品销售归类于食品经营。《食品安全法》规定的食品经营者为广义层面的食品经营者。食品销售者即为食品经营者。食品经营者是食品的直接经营者，其经营的对象为食品。本章对食品经营的研究也仅限于该法规定的食品销售，餐饮服务不在研究之列。

（二）食品经营者的外延

1. 食品经营的领域

食品流通具体包括食品的采购、贮存、运输、销售（批发和零售）等一系列环节。食品流通领域相应地涵盖了食品的采购、贮存、运输、销售等领域。《粮食流通管理条例》第八条规定，粮食经营者是指从事粮食收

---

① 杜国明. 我国食品安全民事责任制度研究：兼评《中华人民共和国食品安全法（修订草案）》[J]. 政治与法律，2014（8）：28.

购、销售、贮存、运输、加工、进出口等经营活动的自然人、法人和非法人组织。

2. 食品经营的场所

《食用农产品市场销售质量安全监督管理办法》第二条规定，食用农产品市场销售是指通过食用农产品集中交易市场（简称"集中交易市场"）、商场、超市、便利店等固定场所销售食用农产品的活动，不包括食用农产品收购行为。可见，食用农产品市场销售的场所涵盖集中交易市场、商场、超市、便利店等固定场所，这些场所也是食品经营者从事食品经营的主要场所。

二、食品经营者的经营形式

（一）《商品流通学》定义的食品经营者的经营形式

商品流通组织分为批发和零售两大类型，商务部 2004 年把零售业态划分为百货商店、超级市场、专业店、专卖店、大型综合超市、便利店、仓储商店、购物中心、折扣店、无店铺零售等。无店铺零售业态又包括电视购物、邮购、网上商店、自动售货亭、电话购物等。批发企业的商品销售方式有会议销售（供货会、展销会、洽谈会）、门市批发、市场批发、访问销售、联营销售、网上销售等。[①]

食品经营者的经营形式主要有：百货商店、超级市场、专卖店、大型综合超市、便利店（小食品店）、折扣店、邮购、网上商店、自动售货亭、电话购物、门市批发、食品生产加工小作坊、食品摊贩、农民专业合作社、农民个人等。经营形式的不同决定了食品经营场所的不同。

（二）《食品安全法》规定的食品经营者的经营形式

1.《食品安全法》明确规定的食品经营者的经营形式

根据《食品安全法》第四章，食品经营者的经营形式主要有：集中交易市场、店铺、出租柜台、展销会、网络食品交易第三方平台、食用农产品批发市场等。与之相对应的，《食品安全法》规定的食品经营者主要有集中交易市场的开办者、柜台出租者、展销会举办者、网络食品交易第三方平台入网食品经营者、食用农产品批发市场经营者等。

---

① 王小平. 商品流通学［M］. 北京：中国人民大学出版社，2011：196-197

同时,《食品安全法》第三十五条规定,国家对食品生产经营实行许可制度。从事食品生产、食品销售、餐饮服务,应当依法取得许可。但是销售食用农产品和仅销售预包装食品的,不需要取得许可。可见,国家对于销售食用农产品和仅销售预包装食品的经营者的经营形式没有特定要求。

2.《食品安全法》未明确规定的食品经营者的经营形式

我国流通领域食品经营者的经营形式除了几乎涵盖上面全部类型以外,还有食品领域特有的经营形式——农民专业合作社、食品生产加工小作坊、食品摊贩等不在《食品安全法》明确规范的食品经营者的范围之内。

第二节　食品经营者的食品安全刑事法律责任

一、食品经营者的食品安全刑事法律责任的相关法律规定

（一）《中华人民共和国刑法》规定的食品经营者的食品安全刑事法律责任

《中华人民共和国刑法》（简称《刑法》）分则的第三章（破坏社会主义市场经济秩序罪）第一节（生产、销售伪劣商品罪）界定了三个食品安全的罪名:第一个罪名是生产、销售不符合安全标准的食品罪;第二个罪名是生产、销售有毒、有害食品罪;第三个罪名是生产、销售伪劣产品罪。前两个罪名,之后做了一定程度的修改,第三个罪名的内容一直保持不变。

1. 2009年《刑法》中食品经营者的食品安全刑事法律责任

《刑法》第一百四十条规定:生产者、销售者在产品中掺杂、掺假,以假充真,以次充好或者以不合格产品冒充合格产品,销售金额五万元以上不满二十万元的,处二年以下有期徒刑或者拘役,并处或者单处销售金额百分之五十以上二倍以下罚金;销售金额二十万元以上不满五十万元的,处二年以上七年以下有期徒刑,并处销售金额百分之五十以上二倍以下罚金;销售金额五十万元以上不满二百万元的,处七年以上有期徒刑,并处销售金额百分之五十以上二倍以下罚金;销售金额二百万元以上的,处十五年有期徒刑或者无期徒刑,并处销售金额百分之五十以上二倍以下

罚金或者没收财产。

《刑法》第一百四十三条规定：生产、销售不符合卫生标准的食品，足以造成严重食物中毒事故或者其他严重食源性疾患的，处三年以下有期徒刑或者拘役，并处或者单处销售金额百分之五十以上二倍以下罚金；对人体健康造成严重危害的，处三年以上七年以下有期徒刑，并处销售金额百分之五十以上二倍以下罚金；后果特别严重的，处七年以上有期徒刑或者无期徒刑，并处销售金额百分之五十以上二倍以下罚金或者没收财产。

《刑法》第一百四十四条规定：在生产、销售的食品中掺入有毒、有害的非食品原料的，或者销售明知掺有有毒、有害的非食品原料的食品的，处五年以下有期徒刑或者拘役，并处或者单处销售金额百分之五十以上二倍以下罚金；造成严重食物中毒事故或者其他严重食源性疾患，对人体健康造成严重危害的，处五年以上十年以下有期徒刑，并处销售金额百分之五十以上二倍以下罚金；致人死亡或者对人体健康造成特别严重危害的，依照本法第一百四十一条的规定处罚。

2. 2011 年《刑法》中食品经营者的食品安全刑事法律责任

2011 年 2 月 25 日，第十一届全国人民代表大会常务委员会第十九次会议通过了《中华人民共和国刑法修正案（八）》［简称《刑法修正案（八）》］，对关于食品经营者的食品安全刑事法律责任的第一百四十三条和一百四十四条进行了修改，而第一百四十条仍保持不变。

《刑法》第一百四十三条规定：生产、销售不符合食品安全标准的食品，足以造成严重食物中毒事故或者其他严重食源性疾病的，处三年以下有期徒刑或者拘役，并处罚金；对人体健康造成严重危害或者有其他严重情节的，处三年以上七年以下有期徒刑，并处罚金；后果特别严重的，处七年以上有期徒刑或者无期徒刑，并处罚金或者没收财产。

《刑法》第一百四十四条规定：在生产、销售的食品中掺入有毒、有害的非食品原料的，或者销售明知掺有有毒、有害的非食品原料的食品的，处五年以下有期徒刑，并处罚金；对人体健康造成严重危害或者有其他严重情节的，处五年以上十年以下有期徒刑，并处罚金；致人死亡或者有其他特别严重情节的，依照本法第一百四十一条的规定处罚。

3. 《刑法》中食品经营者的食品安全刑事法律责任的修改

《刑法》中食品经营者的食品安全刑事法律责任的修改主要体现在

《刑法》第一百四十三条的修改上，主要体现为修改罪名。2009年修正的《刑法》分则部分并未与2009年颁布的《食品安全法》衔接和接轨。《刑法》第一百四十三条的相应表述仍然是"生产、销售不符合卫生标准的食品"，到2011年《刑法》修正时才修改为"生产、销售不符合食品安全标准的食品"，该条罪的罪名也由"生产、销售不符合卫生标准的食品罪"修改为"生产、销售不符合安全标准的食品罪"。

（二）《最高人民法院、最高人民检察院关于办理危害食品安全刑事案件适用法律若干问题的解释》对食品经营者的食品安全刑事法律责任的规定

为依法惩治危害食品安全犯罪，保障人民群众身体健康、生命安全，为解决办理此类刑事案件适用法律的若干问题的司法适用，2013年5月2日，最高人民法院、最高人民检察院联合发布《最高人民法院、最高人民检察院关于办理危害食品安全刑事案件适用法律若干问题的解释》（法释〔2013〕12号），该解释自2013年5月4日起施行。后根据修改后的《食品安全法》和司法实践，最高人民法院、最高人民检察院于2021年12月30日再次联合发布《最高人民法院、最高人民检察院关于办理危害食品安全刑事案件适用法律若干问题的解释》（法释〔2021〕24号），该解释自2022年1月1日起施行，《最高人民法院、最高人民检察院关于办理危害食品安全刑事案件适用法律若干问题的解释》（法释〔2013〕12号）同时废止。

为依法惩治危害食品安全犯罪，保障人民群众身体健康、生命安全，根据《刑法》《中华人民共和国刑事诉讼法》的有关规定，最高人民法院、最高人民检察院发布办理此类刑事案件适用法律的若干问题解释，其主要内容有：

对流通领域食品安全，规定了生产、销售不符合安全标准的食品罪，生产、销售有毒、有害食品罪，非法经营罪，虚假广告罪，诈骗罪及数罪并罚，负有食品安全监督管理职责的国家机关工作人员渎职犯罪等的司法适用，明确了销售有毒、有害食品罪中"明知"的含义，对于依法适用缓刑的，可以根据犯罪情况，同时宣告禁止令。

二、食品经营者的食品安全刑事法律责任的特征

刑事责任是最严厉的法律责任。《食品安全法》《刑法》《刑法修正案

(八)》《最高人民法院、最高人民检察院关于办理危害食品安全刑事案件适用法律若干问题的解释》规定，按刑事责任主体分类，我国违反食品安全的刑事责任主要有食品生产者责任、食品经营者责任、食品监督管理者责任等。我国流通领域食品经营者的食品安全刑事法律责任的特征为：

第一，食品经营者承担食品安全刑事责任的前提是其危害行为达到一定的严重程度。就食品经营者而言，危害食品安全的犯罪主要有：生产、销售不符合安全标准的食品罪，生产、销售有毒、有害食品罪，生产、销售伪劣产品罪三种。然而，在司法实践中，经常出现确定食品危害性的检测结果不一以及科技水平尚不能满足检验目的的情况。为了应对检测证据不足的归罪难题，法院往往以生产、销售伪劣产品罪定罪量刑。① 在三种罪名中，生产、销售不符合安全标准的食品罪在客观上要求其行为足以造成严重食物中毒事故或者其他严重食源性疾病。生产、销售有毒、有害食品罪的确立在客观上要求经营者在销售的食品中掺入有毒、有害的非食品原料或销售明知掺有有毒、有害的非食品原料的食品。生产、销售伪劣产品罪的确立在客观上要求伪劣产品的销售金额在 5 万元以上。

第二，食品经营者承担刑事责任的主观过错均为故意，即"明知"——食品经营者明知食品掺有有毒、有害的非食品原料仍然销售的。

第三，食品经营者承担食品安全的刑事责任由实害犯向危险犯、行为犯发展，体现食品安全刑事预防的目的。生产、销售不符合安全标准的食品罪和生产、销售有毒、有害食品罪中，前者为危险犯，后者为行为犯。两种犯罪在食品安全问题发生的前后均可成立，"严重后果"或者"其他严重后果"是两罪的加重处罚情节。

第四，食品经营者的刑事责任由销售者承担。生产、销售不符合安全标准的食品罪，生产、销售有毒、有害食品罪，生产、销售伪劣产品罪的主体为食品的直接经营者。

第五，食品经营者的食品安全刑事犯罪从实体店向网络食品交易第三方平台上的网店发展。由于销售对象更多、销售范围更广泛，不安全食品的危害性相对增加，规定的刑事法律责任有一定提高。

---

① 黄星. 中国食品安全刑事概论 [M]. 北京：法律出版社，2013：54-60.

第三节 食品经营者的食品安全民事与行政法律责任

一、食品经营者的食品安全民事法律责任

（一）食品经营者的食品安全民事法律责任的立法

1.《消费者权益保护法》规定经营者的食品安全民事法律责任

（1）消费者在购买、使用商品时，其合法权益受到损害的

根据该法第四十条第一款，消费者在购买、使用商品时，其合法权益受到损害的，可以向销售者要求赔偿。销售者赔偿后，属于生产者的责任或者属于向销售者提供商品的其他销售者的责任的，销售者有权向生产者或者其他销售者追偿。第二款规定，消费者或者其他受害人因商品缺陷造成人身、财产损害的，可以向销售者要求赔偿，也可以向生产者要求赔偿。属于生产者责任的，销售者赔偿后，有权向生产者追偿。属于销售者责任的，生产者赔偿后，有权向销售者追偿。

该规定表明消费者权益因购买和食用食品受到侵害，可以优先找食品经营者要求赔偿，然后食品经营者向真正的责任人追偿。

（2）消费者在展销会、租赁柜台购买商品或者接受服务时，其合法权益受到损害的

根据该法第四十三条，消费者在展销会、租赁柜台购买商品或者接受服务，其合法权益受到损害的，可以向销售者或者服务者要求赔偿。展销会结束或者柜台租赁期满后，也可以向展销会的举办者、柜台的出租者要求赔偿。展销会的举办者、柜台的出租者赔偿后，有权向销售者或者服务者追偿。

（3）消费者通过网络食品交易第三方平台购买商品或者接受服务时，其合法权益受到损害的

根据该法第四十四条，消费者通过网络食品交易第三方平台购买商品或者接受服务，其合法权益受到损害的，可以向销售者或者服务者要求赔偿。网络食品交易第三方平台提供者不能提供销售者或者服务者的真实名称、地址和有效联系方式的，消费者也可以向网络食品交易第三方平台提供者要求赔偿；网络食品交易第三方平台提供者做出更有利于消费者的承

诺的，应当履行承诺。网络食品交易第三方平台提供者赔偿后，有权向销售者或者服务者追偿。

2.《产品质量法》规定经营者的食品安全民事法律责任

《产品质量法》第四十条规定，售出的产品不具备产品应当具备的使用性能而事先未做说明的，不符合在产品或者其包装上注明采用的产品标准的，不符合以产品说明、实物样品等方式表明的质量状况的情形，销售者应当负责修理、更换、退货；给购买产品的消费者造成损失的，销售者应当赔偿损失。赔偿损失后，属于生产者的责任或者属于向销售者提供产品的其他销售者的责任的，销售者有权向生产者、供货者追偿。

《产品质量法》第四十三条规定，因产品存在缺陷造成人身、他人财产损害的，受害人可以向产品的生产者要求赔偿，也可以向产品的销售者要求赔偿。属于产品的生产者的责任，由产品的销售者赔偿的，产品的销售者有权向产品的生产者追偿。属于产品的销售者的责任，由产品的生产者赔偿的，产品的生产者有权向产品的销售者追偿。

以上规定表明食品经营者售出的产品符合《产品质量法》第四十条、第四十三条规定，购买者可以优先找食品经营者要求赔偿，然后食品经营者向真正的责任人追偿。

3.《农产品质量安全法》规定的经营者的食品安全民事法律责任

根据该法第七十九条，给消费者造成人身、财产或者其他损害的，依法承担民事赔偿责任。经营者的财产不足以同时承担民事赔偿责任和缴纳罚款、罚金时，先承担民事赔偿责任。

4.《食品安全法》规定食品经营者的食品安全民事法律责任

（1）网络食品交易中入网食品经营者违法行为的民事法律责任

根据该法第一百三十一条，消费者通过网络食品交易第三方平台购买食品，其合法权益受到损害的，可以向入网食品经营者或者食品生产者要求赔偿。网络食品交易第三方平台提供者不能提供入网食品经营者的真实名称、地址和有效联系方式的，由网络食品交易第三方平台提供者赔偿。网络食品交易第三方平台提供者赔偿后，有权向入网食品经营者或者食品生产者追偿。

（2）食品经营者履行义务后仍承担赔偿责任

根据该法第一百三十六条，食品经营者履行了本法规定的进货查验等义务，有充分证据证明其不知道所采购的食品不符合食品安全标准，并能如实说明其进货来源的，造成人身、财产或者其他损害的，依法承担赔偿责任。

（3）首负责任制

根据该法第一百四十八条第一款，消费者因不符合食品安全标准的食品受到损害的，可以向经营者要求赔偿损失，也可以向生产者要求赔偿损失。接到消费者赔偿要求的生产者或经营者，应当实行首负责任制，先行赔付，不得推诿；属于生产者责任的，经营者赔偿后有权向生产者追偿；属于经营者责任的，生产者赔偿后有权向经营者追偿。

（4）惩罚性赔偿责任

根据该法第一百四十八条第二款，生产不符合食品安全标准的食品或者经营明知是不符合食品安全标准的食品，消费者除要求赔偿损失外，还可以向经营者要求支付价款十倍或者损失三倍的赔偿金；增加赔偿的金额不足一千元的，赔偿一千元。但是，食品的标签、说明书存在不影响食品安全且不会对消费者造成误导的瑕疵的除外。

从以上规定可见，食品经营者对于《食品安全法》第一百三十六条"不知道"情形貌似承担的是无过错责任，但是根据第一百四十八条的规定，食品经营者只是承担首负责任，属于生产者责任的，经营者赔偿后有权向生产者追偿。此种情形下，食品经营者最终承担的还是过错责任。

5.《最高人民法院关于审理食品安全民事纠纷案件适用法律若干问题的解释（一）》规定的食品经营者的食品安全民事法律责任

为正确审理食品安全民事纠纷案件，保障公众身体健康和生命安全，根据《中华人民共和国民法典》（简称《民法典》）《食品安全法》《消费者权益保护法》《中华人民共和国民事诉讼法》（简称《民事诉讼法》）等法律的规定，结合民事审判实践，2020 年 12 月 8 日，最高人民法院公布《最高人民法院关于审理食品安全民事纠纷案件适用法律若干问题的解释（一）》（法释〔2020〕14 号），该解释自 2021 年 1 月 1 日起施行。该解释具体规定了流通领域食品经营者的食品安全民事法律责任：

（1）消费者因不符合食品安全标准的食品受到损害的

消费者因不符合食品安全标准的食品受到损害，依据《食品安全法》第一百四十八条第一款，可诉请食品经营者赔偿损失，被诉的经营者不能以赔偿责任应由生产经营者中的另一方承担为由主张免责。属于生产者责任的，经营者赔偿后有权向生产者追偿。

（2）电子商务平台经营者自营的食品不符合食品安全标准的

电子商务平台经营者以标记自营业务方式所销售的食品或者虽未标记自营但实际开展自营业务所销售的食品不符合食品安全标准的，消费者有权依据《食品安全法》第一百四十八条主张电子商务平台经营者承担作为食品经营者的赔偿责任。

电子商务平台经营者虽非实际开展自营业务，但其所做标识等足以误导消费者，让消费者相信系电子商务平台经营者自营，消费者有权依据《食品安全法》第一百四十八条规定主张电子商务平台经营者承担作为食品经营者的赔偿责任。

（3）电子商务平台经营者违反《食品安全法》的注意义务，使消费者的合法权益受到损害的

电子商务平台经营者违反《食品安全法》第六十二条和第一百三十一条规定的，未对平台内食品经营者进行实名登记、审查许可证，或者未履行报告、停止提供网络食品交易第三方平台服务等义务，使消费者的合法权益受到损害，消费者有权主张电子商务平台经营者与平台内食品经营者承担连带责任。

（4）公共交通运输的承运人向旅客提供的食品不符合食品安全标准的

公共交通运输的承运人向旅客提供的食品不符合食品安全标准，旅客有权依据《食品安全法》第一百四十八条规定主张承运人承担作为食品经营者的赔偿责任；承运人不能以其不是食品的经营者或者食品是免费提供的为由免责。

（5）有关单位或者个人明知食品经营者从事《食品安全法》规定的违法行为，而仍为其提供便利条件的

有关单位或者个人明知食品经营者从事《食品安全法》第一百二十三条第一款规定的违法行为而仍为其提供设备、技术、原料、销售渠道、运输、贮存或者其他便利条件，消费者有权依据《食品安全法》第一百二十三条第二款的规定主张该单位或者个人承担连带责任。

（6）明知不符合食品安全标准，仍然经营的 7 种情形

食品经营者具有下列情形之一的，承担《食品安全法》第一百四十八

条规定的"明知"的法律责任：①已过食品标明的保质期但仍然销售的；②未能提供所售食品的合法进货来源的；③以明显不合理的低价进货且无合理原因的；④未依法履行进货查验义务的；⑤虚假标注，更改食品生产日期、批号的；⑥转移、隐匿、非法销毁食品进销货记录或者故意提供虚假信息的；⑦其他能够认定为明知的情形。

（7）消费者认为经营者经营不符合食品安全标准的食品同时构成欺诈的

消费者认为经营者经营不符合食品安全标准的食品同时构成欺诈的，有权选择依据《食品安全法》第一百四十八条第二款或者《消费者权益保护法》第五十五条第一款主张食品经营者承担惩罚性赔偿责任。

（8）经营明知不符合食品安全标准的食品，但向消费者承诺更高赔偿标准的

经营者明知经营的食品是不符合食品安全标准的食品，但向消费者承诺的赔偿标准高于《食品安全法》第一百四十八条规定的赔偿标准，消费者有权主张经营者按照承诺承担赔偿责任。

（9）食品符合食品安全标准但未达到生产经营者承诺的质量标准的

食品符合食品安全标准但未达到生产经营者承诺的质量标准，消费者有权依照《民法典》《消费者权益保护法》等法律规定主张经营者承担责任，但消费者无权依据《食品安全法》第一百四十八条规定主张经营者承担赔偿责任。

（10）食品不符合食品安全标准，经营者以未造成消费者人身损害为由抗辩的

食品不符合食品安全标准，消费者有权依据《食品安全法》第一百四十八条第二款主张经营者承担惩罚性赔偿责任，经营者不得以未造成消费者人身损害为由免责。

（11）经营未明确标明相关信息的食品的

生产经营未标明生产者名称、地址、成分或者配料表，或者未清晰标明生产日期、保质期的预包装食品，消费者有权依据《食品安全法》第一百四十八条第二款主张经营者承担惩罚性赔偿责任，但法律、行政法规、食品安全国家标准对标签标注事项另有规定的除外。

（12）进口的食品不符合我国食品安全标准的

进口的食品不符合我国食品安全国家标准或者国务院卫生行政部门决

定暂予适用的标准，消费者依据《食品安全法》第一百四十八条主张销售者、进口商等经营者承担赔偿责任，销售者、进口商等经营者不得仅以进口的食品符合出口地食品安全标准或者已经过我国出入境检验检疫机构检验检疫为由免责。

6.《最高人民法院关于审理食品药品纠纷案件适用法律若干问题的规定》规定的食品经营者的食品安全民事法律责任

2013 年 12 月 23 日最高人民法院发布《最高人民法院关于审理食品药品纠纷案件适用法律若干问题的规定》（法释〔2013〕28 号），该规定自 2014 年 3 月 15 日起施行。2020 年 12 月 23 日最高人民法院通过第一次修正，发布《最高人民法院关于审理食品药品纠纷案件适用法律若干问题的规定》（法释〔2020〕17 号），2021 年 11 月 15 日最高人民法院通过第二次修正，发布《最高人民法院关于审理食品药品纠纷案件适用法律若干问题的规定》（法释〔2021〕17 号）。该规定为正确审理食品药品纠纷案件，根据《民法典》《消费者权益保护法》《食品安全法》《中华人民共和国药品管理法》《民事诉讼法》等法律的规定，结合审判实践制定。该规定有关流通领域食品安全民事法律责任的内容有：

（1）因食品质量问题发生纠纷，购买者向销售者主张权利，销售者以购买者明知食品、药品存在质量问题而仍然购买为由进行抗辩的法律责任认定；

（2）食品销售者提供给消费者的食品的赠品发生质量安全问题，造成消费者损害，销售者以消费者未对赠品支付对价为由进行免责抗辩的法律责任认定；

（3）消费者举证证明所购买食品的事实以及所购食品不符合合同的约定，主张销售者承担违约责任的认定；

（4）消费者举证证明因食用食品受到损害，初步证明损害与食用食品存在因果关系，主张销售者承担侵权责任的认定；

（5）食品在销售前取得检验合格证明，且食用或者使用时尚在保质期内，但经检验确认产品不合格时，销售者以该食品具有检验合格证明为由进行抗辩的法律责任认定；

（6）集中交易市场的开办者、柜台出租者、展销会举办者未履行食品安全法规定的审查、检查、报告等义务，使消费者的合法权益受到损害的，承担连带责任的认定；

（7）消费者通过网络食品交易第三方平台购买食品遭受损害，网络交易第三方平台提供者不能提供食品的生产者或者销售者的真实名称、地址与有效联系方式的责任认定和销售者的责任承担；

（8）网络食品交易第三方平台提供者知道或者应当知道食品的销售者利用其平台侵害消费者合法权益，未采取必要措施，给消费者造成损害，与销售者承担连带责任的认定；

（9）未取得食品销售资质的民事主体，挂靠具有相应资质的销售者，销售食品造成消费者损害，挂靠者与被挂靠者承担连带责任的认定；

（10）销售者在虚假广告中向消费者推荐食品，使消费者遭受损害，广告经营者、广告发布者承担连带责任的认定；

（11）销售者首先承担民事责任；

（12）销售者以格式合同、通知、声明、告示等方式做出排除或者限制消费者权利，减轻或者免除经营者责任、加重消费者责任等对消费者不公平、不合理的规定，消费者依法请求认定该内容无效的法律责任认定。

（二）我国流通领域食品经营者的食品安全民事法律责任的特征

民事责任的构成要件主要有：行为人客观上有民事违法行为、行为人对自己的民事违法行为存在主观过错、行为人的违法行为产生损害事实、违法行为与损害事实之间有因果关系。[①] 根据《食品安全法》《农产品质量安全法》《消费者权益保护法》《产品质量法》《最高人民法院关于审理食品安全民事纠纷案件适用法律若干问题的解释（一）》《最高人民法院关于审理食品药品纠纷案件适用法律若干问题的规定》等规定，按行为人违反的民事义务性质，违反食品安全的民事责任包括违约责任和侵权责任。按民事责任主体分，违反食品安全的民事责任有生产者的责任、销售者（食品经营者）的责任、市场经营者的责任、检验机构的责任、认证机构的责任等。我国流通领域食品经营者的食品安全民事法律责任的特征有：

（1）食品经营者（销售者）的食品安全民事法律责任主要为补偿性赔偿责任。如果是生产者责任，最终责任由生产者承担，食品经营者（销售者）只承担连带责任，帮助先行赔付后，有权向有过错的生产者行使追偿

[①] 王利民. 民法本论 [M]. 大连：东北财经大学出版社，2001：462-466.

权，也即食品经营者（销售者）承担的是不真正连带责任。

（2）我国流通领域食品经营者（销售者）的民事法律责任呈现出补偿与惩罚相结合的特征。食品经营者（销售者）的食品安全民事责任为过错责任，食品经营者在明知的情形下还须承担惩罚性损害赔偿责任。

（3）民事责任对客观违法行为的要求表明，民事法律责任只能是在食品经营者（销售者）危害食品安全的损害事实发生后产生，为事后责任。

（4）食品经营者（销售者）的食品安全民事行为呈现从实体店向网络食品第三方平台开设的网店发展的趋势，由于销售对象更多、范围更广泛，赔偿数额和危害后果相对较大。

二、食品经营者的食品安全行政法律责任

（一）食品经营者的食品安全行政法律责任的立法

1.《食品安全法》规定食品经营者的食品安全行政法律责任①

（1）未经许可从事食品经营活动的食品安全行政法律责任

根据第一百二十二条第一款，违反本法规定，未取得食品生产经营许可从事食品经营活动的，处没收违法所得和违法生产经营的食品、食品添加剂以及用于违法生产经营的工具、设备、原料等物品，并处罚款。

（2）五类违法食品经营行为的食品安全行政法律责任

根据第一百二十三条第一款，违反本法规定，有下列情形之一，尚不构成犯罪的，处没收违法所得和违法生产经营的食品，并可以没收用于违法生产经营的工具、设备、原料等物品，并处罚款，情节严重的，吊销许可证，并可以由公安机关对其直接负责的主管人员和其他直接责任人员处五日以上十五日以下拘留：①经营用非食品原料生产食品、在食品中添加食品添加剂以外的化学物质和其他可能危害人体健康的物质，或者用回收食品作为原料生产食品；②经营营养成分不符合食品安全标准的专供婴幼儿和其他特定人群的主辅食品；③经营病死、毒死或者死因不明的禽、畜、兽、水产动物肉类，或者经营其制品；④经营未按规定进行检疫或者检疫不合格的肉类，或者经营未经检验或者检验不合格的肉类制品；⑤经

---

① 信春鹰. 中华人民共和国食品安全法解读［M］. 北京：中国法制出版社，2015：319-355.

营国家为防病等特殊需要明令禁止生产经营的食品；⑥经营添加药品的食品。

（3）七类违法经营行为的食品安全行政法律责任

根据第一百二十四条，违反本法规定，有下列情形之一，尚不构成犯罪的，处没收违法所得和违法生产经营的食品、食品添加剂，并可以没收用于违法生产经营的工具、设备、原料等物品，并处罚款，情节严重的，吊销许可证：①经营致病性微生物，农药残留、兽药残留、生物毒素、重金属等污染物质以及其他危害人体健康的物质含量超过食品安全标准限量的食品、食品添加剂；②经营用超过保质期的食品原料、食品添加剂生产食品、食品添加剂；③经营超范围、超限量使用食品添加剂的食品；④经营腐败变质、油脂酸败、霉变生虫、污秽不洁、混有异物、掺假掺杂或者感官性状异常的食品、食品添加剂；⑤经营标注虚假生产日期、保质期或者超过保质期的食品、食品添加剂；⑥经营未按规定注册的保健食品、特殊医学用途配方食品、婴幼儿配方乳粉；⑦食品经营者在食品安全监督管理部门责令其召回或者停止经营后，仍拒不召回或者停止经营。

除前款和本法第一百二十三条、第一百二十五条规定的情形外，经营不符合法律、法规或者食品安全标准的食品、食品添加剂的，依照前款规定给予处罚。

（4）四类违法经营行为的食品安全行政法律责任

根据第一百二十五条，违反本法规定，有下列情形之一的，处没收违法所得和违法生产经营的食品、食品添加剂，并可以没收用于违法生产经营的工具、设备、原料等物品，并处罚款，情节严重的，责令停产停业，直至吊销许可证：①经营被包装材料、容器、运输工具等污染的食品、食品添加剂；②经营无标签的预包装食品、食品添加剂或者标签、说明书不符合本法规定的食品、食品添加剂；③经营转基因食品未按规定进行标示；④食品经营者采购或者使用不符合食品安全标准的食品原料、食品添加剂、食品相关产品。

经营的食品、食品添加剂的标签、说明书存在瑕疵但不影响食品安全且不会对消费者造成误导的，由县级以上人民政府食品安全监督管理部门责令改正；拒不改正的，处二千元以下罚款。

（5）经营过程违法行为的食品安全行政法律责任

根据第一百二十六条，违反本法规定，有下列情形之一的，责令改正，给予警告；拒不改正的，处罚款；情节严重的，责令停产停业，直至吊销许可证：①食品经营企业未按规定建立食品安全管理制度，或者未按规定配备或者培训、考核食品安全管理人员；②食品、食品添加剂经营者进货时未查验许可证和相关证明文件，或者未按规定建立并遵守进货查验记录、出厂检验记录和销售记录制度；③食品经营企业未制定食品安全事故处置方案；④食品经营者安排未取得健康证明或者患有国务院卫生行政部门规定的有碍食品安全疾病的人员从事接触直接入口食品的工作；⑤食品经营者未按规定要求销售食品；⑥食品经营者未定期对食品安全状况进行检查评价，或者经营条件发生变化，未按规定处理。

食用农产品销售者违反本法第六十五条规定的，由县级以上人民政府食品安全监督管理部门依照第一款规定给予处罚。

（6）集中交易市场违法行为的食品安全行政法律责任

根据第一百三十条，违反本法规定，集中交易市场的开办者、柜台出租者、展销会的举办者允许未依法取得许可的食品经营者进入市场销售食品，或者未履行检查、报告等义务的，责令改正，没收违法所得，并处罚款，造成严重后果的，责令停业，直至由原发证部门吊销许可证。

食用农产品批发市场违反本法第六十四条规定的，依照前款规定承担责任。

（7）网络食品交易违法行为的食品安全行政法律责任

根据第一百三十一条，违反本法规定，网络食品交易第三方平台提供者未对入网食品经营者进行实名登记、审查许可证，或者未履行报告、停止提供网络食品交易第三方平台服务等义务的，责令改正，没收违法所得，并处罚款，造成严重后果的，责令停业，直至由原发证部门吊销许可证。

（8）食品贮存、运输和装卸违法行为的食品安全行政法律责任

根据第一百三十二条，违反本法规定，未按要求进行食品贮存、运输和装卸的，责令改正，给予警告；拒不改正的，责令停产停业，并处罚款，情节严重的，吊销许可证。

2.《农产品质量安全法》规定食品经营者承担的食品安全行政法律责任的情形

《农产品质量安全法》规定供食用的源于农业的初级产品的食品经营者（销售者）的食品安全行政法律责任的情形主要有：

（1）农产品经营者从事三种严重违法行为的食品安全行政法律责任

根据第七十条，违反本法规定，农产品经营者有下列行为之一，尚不构成犯罪的，没收违法所得，并可以没收用于违法生产经营的工具、设备、原料等物品，并处罚款，情节严重的，有许可证的吊销许可证，并可以由公安机关对其直接负责的主管人员和其他直接责任人员处五日以上十五日以下拘留：①在农产品经营过程中使用国家禁止使用的农业投入品或者其他有毒、有害物质；②销售含有国家禁止使用的农药、兽药或者其他化合物的农产品；③销售病死、毒死或者死因不明的动物及其产品。

（2）农产品经营者从事三种较为严重违法行为的食品安全行政法律责任

根据第七十一条，违反本法规定，农产品经营者有下列行为之一，尚不构成犯罪的，责令停止生产经营、追回已经销售的农产品，对违法生产经营的农产品进行无害化处理或者予以监督销毁，没收违法所得，并可以没收用于违法生产经营的工具、设备、原料等物品，并处罚款：①销售农药、兽药等化学物质残留或者含有的重金属等有毒、有害物质，不符合农产品质量安全标准的农产品；②销售含有的致病性寄生虫、微生物或者生物毒素不符合农产品质量安全标准的农产品；③销售其他不符合农产品质量安全标准的农产品。

（3）农产品经营者从事两种一般违法行为的食品安全行政法律责任

根据第七十二条，违反本法规定，农产品经营者有下列行为之一的，责令停止生产经营、追回已经销售的农产品，对违法生产经营的农产品进行无害化处理或者予以监督销毁，没收违法所得，并可以没收用于违法生产经营的工具、设备、原料等物品，并处罚款：①未按照国家有关强制性标准或者其他农产品质量安全规定使用保鲜剂、防腐剂、添加剂、包装材料等，或者使用的保鲜剂、防腐剂、添加剂、包装材料等不符合国家有关强制性标准或者其他质量安全规定；②将农产品与有毒、有害物质一同贮存、运输。

（4）农产品经营者违反承诺达标合格证规定的食品安全行政法律责任

根据第七十三条，违反本法规定，有下列行为之一的，给予批评教育，责令限期改正；逾期不改正的，处罚款：①农民专业合作社、从事农产品收购的单位或者个人未按照规定开具承诺达标合格证；②从事农产品收购的单位或者个人未按照规定收取、保存承诺达标合格证或者其他合格证明。

（5）农产品经营者违反农产品质量标志规定的食品安全行政法律责任

根据第七十四条，农产品经营者冒用农产品质量标志，或者销售冒用农产品质量标志的农产品的，责令改正，没收违法所得，并处罚款。

（二）食品经营者的食品安全行政法律责任的特征

（1）在危害食品安全的行为没有达到刑事犯罪的严重程度时，行政法律责任是最佳的法律规制方式。

（2）根据《食品安全法》的规定，按行政责任主体分类，我国违反食品安全的行政法律责任主要有：食品生产者的责任、食品销售者的责任、食品经营者的责任、食品检验机构的责任、食品检验人员的责任、认证机构的责任等。就食品经营者而言，违反食品安全的行政责任在《食品安全法》修订后得到了加强，其涉及面广而细致，涵盖食品经营及相关人员、辅助材料和器具、相关制度等。

（3）《食品安全法》和《农产品质量安全法》采用列举的方式对流通领域食品经营者的食品安全行政法律责任情形予以详细规定。

（4）食品安全行政法律责任以食品安全预防为主要目的，既包括事前法律责任，也包括事后法律责任。

（5）食品安全行政法律责任根据危害后果，由轻到重，都并处罚款。

第四节　食品生产加工小作坊、食品摊贩、农民专业合作社等食品经营者的食品安全法律责任

一、食品生产加工小作坊、食品摊贩等的食品安全法律责任

（一）食品生产加工小作坊、食品摊贩等的概念

根据 GBT 23734—2009《食品生产加工小作坊质量安全控制基本要求》的规定，食品生产加工小作坊，是指依照相关法律、法规从事食品生产，有固定生产场所，从业人员较少，生产加工规模小，无预包装或者简易包

装，销售范围固定的食品生产加工（不含现做现卖）单位和个人。

根据《北京市小规模食品生产经营管理规定》，食品摊贩是指无固定经营场所、从事食品（含食用农产品）销售或者食品现场制售的个人。

根据《食品安全法》第三十六条第一款的规定，食品生产加工小作坊和食品摊贩等的具体管理办法由省、自治区、直辖市制定。该法在"食品生产加工小作坊和食品摊贩"后加了"等"字，将除二者以外的其他小规模食品经营者都囊括在内。北京市据此制定的《北京市小规模食品生产经营管理规定》规定："本规定所称小规模食品生产经营者包括食品生产加工小作坊、小餐饮店、小食杂店和食品摊贩。"该规定规定：小餐饮店是指有固定经营场所，经营面积小，从事食品即时加工、制作并直接向消费者销售的经营者，但以连锁方式经营的除外；小食杂店是指有固定经营场所，经营面积小，从事食品（含食用农产品）零售的经营者，但以连锁方式经营的除外。其他地方在制定地方性法规时，将小餐饮店、小食杂店等与食品生产加工小作坊和食品摊贩一起进行管理。

（二）食品生产加工小作坊、食品摊贩等食品安全法律责任

1.《食品安全法》规定的食品生产加工小作坊、食品摊贩等的食品安全法律责任

《食品安全法》第三十六条第一款规定，食品生产加工小作坊和食品摊贩等从事食品生产经营活动，应当符合本法规定的与其生产经营规模、条件相适应的食品安全要求，保证所生产经营的食品卫生、无毒、无害，食品安全监督管理部门应当对其加强监督管理。第二款规定，县级以上地方人民政府应当对食品生产加工小作坊、食品摊贩等进行综合治理，加强服务和统一规划，改善其生产经营环境，鼓励和支持其改进生产经营条件，进入集中交易市场、店铺等固定场所经营，或者在指定的临时经营区域、时段经营。第三款规定，食品生产加工小作坊和食品摊贩等的具体管理办法由省、自治区、直辖市制定。

《食用农产品市场销售质量安全监督管理办法》第五十条也规定，食品摊贩等具体管理规定由省、自治区、直辖市制定。

对于食品生产加工小作坊、食品摊贩等的食品安全法律责任，根据《食品安全法》第一百二十七条，对食品生产加工小作坊、食品摊贩等的违法行为的处罚，依照省、自治区、直辖市制定的具体管理办法执行。

以上规定表明，我国对食品经营者实行分级管理，食品生产加工小作坊、食品摊贩等以外的食品经营者不在《食品安全法》的规范范围内。由此可见，《食品安全法》规定的法律责任和法律制裁仅适用于除食品生产加工小作坊、食品摊贩以外的具有较大规模的食品经营者。《食品安全法》对较大规模经营者的法律规制明显更为严格，对于小规模经营者的法律规制要宽松很多。

2. 地方性法规对食品生产加工小作坊、食品摊贩等的食品安全法律责任的规定

各地方人大常委会依据《食品安全法》，根据本地方的情况制定各地食品生产加工小作坊、食品摊贩等的管理条例，名称不一。江苏省制定了《江苏省食品小作坊和食品摊贩管理条例》，广东省制定了《广东省食品生产加工小作坊和食品摊贩管理条例》，北京市制定了《北京市小规模食品生产经营管理规定》，吉林省制定了《吉林省食品小作坊小餐饮店小食杂店和食品摊贩管理条例》等。

各地因地制宜制定的食品生产加工小作坊、食品摊贩等的管理条例内容也不尽相同，法律责任不同，无法进行比较和区别，只能从各个地方制定的条例来明确当地食品生产加工小作坊、食品摊贩等的食品安全法律责任。以北京为例，《北京市小规模食品生产经营管理规定》第三条规定，本规定所称小规模食品生产经营者包括食品生产加工小作坊、小餐饮店、小食杂店和食品摊贩。第十三条规定，小规模食品生产经营者不得有下列生产经营行为：①用非食品原料生产制作食品，或者在食品中添加食品添加剂以外的化学物质和其他可能危害人体健康的物质，或者用回收食品作为原料生产加工食品；②经营病死、毒死或者死因不明的禽、畜、兽、水产动物肉类或者生产经营其制品；③经营未按规定进行检疫或者检疫不合格的肉类，或者未经检验或者检验不合格的肉类制品；④生产经营国家为防病等特殊需要明令禁止生产经营的食品；⑤违反国家规定在食品中添加药品；⑥生产制作致病性微生物，农药残留、兽药残留、生物毒素、重金属等污染物质以及其他危害人体健康的物质含量超过食品安全标准限量的食品；⑦超范围、超限量使用食品添加剂生产制作食品或者用超过保质期的食品原料、食品添加剂生产制作食品；⑧生产经营腐败变质、油脂酸败、霉变生虫、污秽不洁、混有异物、掺假掺杂或者感官性状异常的食

品；⑨标注虚假生产日期、保质期或者销售超过保质期的食品；⑩生产制作其他不符合食品安全标准的食品；⑪在市场监督管理部门责令其召回或者停止经营后，仍拒不召回或者停止经营；⑫生产经营被包装材料、容器、运输工具等污染的食品；⑬采购、销售本款第一项、第五项至第七项、第十项规定情形的食品，或者使用上述食品作为食品原料；⑭生产经营无标签的预包装食品或者标签不符合法律、法规规定的食品；⑮在生产经营条件发生变化，不再符合法律、法规规定要求的情况下继续生产经营；⑯安排未取得健康证明或者患有国务院卫生健康行政部门规定的有碍食品安全疾病的人员从事接触直接入口食品的工作。

二、农民专业合作社的食品安全法律责任

（一）农民专业合作社的概念

《中华人民共和国农民专业合作社法》（以下简称《农民专业合作社法》）第二条规定，农民专业合作社是指在农村家庭承包经营基础上，同类农产品的生产经营者或者同类农业生产经营服务的提供者、利用者，自愿联合、民主管理的互助性经济组织。根据第二条规定，农民专业合作社以其成员为主要服务对象，开展的业务之一是农产品的生产、加工、运输、贮藏、销售及其他相关服务。农民专业合作社是流通领域农产品的经营组织。

（二）农民专业合作社的立法

农民专业合作社在《食品安全法》中没有明确规范，农民专业合作社由专门制定的《农民专业合作社法》予以规范，目的是规范农民专业合作社的组织和行为，鼓励、支持、引导农民专业合作社的发展，保护农民专业合作社及其成员的合法权益，推进农业农村现代化。

各地为实施《农民专业合作社法》，结合本地实际情况，制定了地方性法规，目前主要有：《北京市实施〈中华人民共和国农民专业合作社法〉办法》《吉林省农民专业合作社条例》《福建省农民专业合作社条例》《黑龙江省农民专业合作社条例》《山东省农民专业合作社条例》《浙江省农民专业合作社条例》《山西省农民专业合作社条例》《河北省农民专业合作社条例》《天津市农民专业合作社促进条例》《江苏省农民专业合作社条例》《江西省农民专业合作社条例》《海南经济特区农民专业合作社条例》《青海省

农民专业合作社条例》《新疆维吾尔自治区实施〈中华人民共和国农民专业合作社法〉办法》《上海市实施〈中华人民共和国农民专业合作社法〉办法》《湖南省实施〈中华人民共和国农民专业合作社法〉办法》《陕西省实施〈中华人民共和国农民专业合作社法〉办法》《重庆市实施〈中华人民共和国农民专业合作社法〉办法》《安徽省实施〈中华人民共和国农民专业合作社法〉办法》《辽宁省实施〈中华人民共和国农民专业合作社法〉办法》《湖北省实施〈中华人民共和国农民专业合作社法〉办法》《四川省〈中华人民共和国农民专业合作社法〉实施办法》。

（三）农民专业合作社的食品安全法律责任

《食品安全法》并没有明确规范农民专业合作社，因此，农民专业合作社不属于《食品安全法》专门规定的食品经营者。根据《食用农产品市场销售质量安全监督管理办法》第四十九条的规定："食用农产品，指来源于种植业、林业、畜牧业和渔业等供人食用的初级产品，即在农业活动中获得的供人食用的植物、动物、微生物及其产品，不包括法律法规禁止食用的野生动物产品及其制品。""食用农产品销售者，指通过固定场所销售食用农产品的个人或者企业，既包括通过集中交易市场销售食用农产品的入场销售者，也包括销售食用农产品的商场、超市、便利店等食品经营者。"可见，农民专业合作社作为流通领域的食品经营者，是以食用农产品销售者的身份受《食品安全法》规范的。

第五节　食品经营者的食品安全法律责任之不足

法律责任在一般意义上是指由违法行为所引起的不利法律后果。[①] 我国《食品安全法》《消费者权益保障法》《农产品质量安全法》等法律综合运用刑事、民事、行政手段，从食品安全问题发生的事前、事后多方面对流通领域食品经营者进行法律责任约束。目前，我国流通领域食品经营者的食品安全法律责任按违法行为的性质不同分为刑事法律责任、民事法律责任和行政法律责任三类，但将这三类食品安全法律责任结合、从整体上实现对流通领域食品经营者的食品安全治理还存在一定不足。

---

① 张文显. 法理学［M］. 北京：高等教育出版社，北京大学出版社，1999：121.

一、食品经营者的食品安全法律责任承担不足

（一）食品经营者的食品安全刑事法律责任

在食品经营者的食品安全刑事法律责任方面，食品安全犯罪以食品经营者（销售者）的主观故意——"明知"为前提，反之，食品经营者（销售者）则不负刑事责任。这在一定程度上为食品经营者（销售者）减少食品安全刑事责任提供了法律空间。

（二）食品经营者的食品安全民事法律责任

对于销售者（食品经营者）的惩罚性赔偿责任，《食品安全法》将过错仅限定为"明知"，漏掉了具有较大恶意的"应知"情形。[①] 这大大减少了食品经营者（销售者）的民事责任。同时，消费者可以选择基于侵权责任法理追究食品生产者的惩罚性赔偿责任，也可以选择基于违约责任法理追究销售者（食品经营者）的惩罚性赔偿责任。[②] 销售者（食品经营者）和生产者之间的责任为平行连带责任，销售者（食品经营者）可能因为消费者选择生产者索赔而逃脱惩罚性赔偿责任，在此种情形下，食品经营者不用承担任何食品安全民事法律责任。

（三）食品经营者的食品安全行政法律责任

在行政法律责任方面，销售者（食品经营者）需要对食品经营相关人员、辅助材料和器具、相关制度等承担法律责任，但这遗漏了在生产源头就出现的食品安全问题。销售者（食品经营者）即使做好本职工作，仍然无法保证食品安全。

从以上分析可以看出，"明知"的前提使食品经营者对自身导致的食品安全问题承担的刑事、民事法律责任十分有限。而对生产者导致的食品安全问题，销售者（食品经营者）则不用承担刑事责任或被消费者选择性索赔时才承担惩罚性赔偿责任。

二、食品安全法规范内外的食品经营者的法律责任区分不足

（一）《食品安全法》规范内外的食品经营者的法律义务区分规定较模糊

《食品安全法》规定食品生产加工小作坊、食品摊贩等食品经营者的

---

① 杜国明. 论《食品安全法》的民事责任制度 [J]. 广西社会科学，2011（5）：71.
② 徐海燕. 论《食品安全法》中的新型民事责任 [J]. 法学论坛，2009（5）：17.

行为将由地方立法另行规范，表明《食品安全法》对除食品生产加工小作坊、食品摊贩等《食品安全法》规范之外的食品经营者更为严格。然而，《食品安全法》规范的食品经营者与食品生产加工小作坊、食品摊贩等承担的食品安全行政法律责任差异的"度"应如何把握，立法没有规定，只是在法律义务上给出了一个模糊的区分标准——应当符合本法规定的与其生产经营规模、条件相适应的食品安全要求，保证所生产经营的食品卫生、无毒、无害。

（二）《食品安全法》规范内外的食品经营者的法律责任没有规定区分标准

笔者认为，由于《食品安全法》规范的食品经营者与《食品安全法》规范之外的食品经营者的法律义务没有明确的区分标准，其法律责任相应也不会有区分标准，必然导致地方立法机关在制定有关食品生产加工小作坊、食品摊贩的地方性法律法规时较难把握立法尺度。而且，《食品安全法》规范内的食品经营者与规范之外的食品经营者承担的法律责任缺乏质的区别，消费者较难分辨出《食品安全法》规范的食品经营者与规范外的食品经营者所经营食品的安全性差异。

三、食品经营者的食品安全法律责任与法律义务规定不一

（一）食品经营者的食品安全刑事、民事法律责任与《食品安全法》规定的食品安全法律义务不符

"保证食品安全"是《食品安全法》第四条明确规定的食品经营者当然的法律义务，同时意味着食品经营者对食品安全在主观上负有"应然"（应知）层面的法律责任。而食品安全刑事法律责任和食品安全民事法律责任中的惩罚性赔偿责任仅规定了销售者在"实然"（明知）层面的法律责任。

（二）《食品安全法》规定的食品经营者的食品安全行政法律责任与食品安全法律义务不符

1.《食品安全法》赋予食品经营者三项形式上的食品安全法律义务

（1）食品经营者应当建立健全食品安全管理制度。根据《食品安全法》第四十四条的规定，食品经营者应当建立健全食品安全管理制度，对职工进行食品安全知识培训，加强食品检验工作，依法从事生产经营活

动。食品经营企业的主要负责人应当落实企业食品安全管理制度，对本企业的食品安全工作全面负责。食品经营者应当配备食品安全管理人员，对其加强培训和考核。经考核不具备食品安全管理能力的，不得上岗。

（2）食品经营者应当建立食品安全自查制度。根据《食品安全法》第四十七条的规定，食品经营者应当建立食品安全自查制度，定期对食品安全状况进行检查评价。生产经营条件发生变化、不再符合食品安全要求的，食品经营者应当立即采取整改措施；有发生食品安全事故潜在风险的，应当立即停止食品经营活动，并向所在地县级人民政府食品安全监督管理部门报告。

（3）食品经营者应当建立食品进货查验记录和食品销售记录制度。根据《食品安全法》第五十三条的规定，食品经营企业应当建立食品进货查验记录制度，如实记录食品的名称、规格、数量、生产日期或者生产批号、保质期、进货日期以及供货者名称、地址、联系方式等内容，并保存相关凭证。记录和凭证保存期限应当符合本法第五十条第二款的规定。实行统一配送经营方式的食品经营企业，可以由企业总部统一查验供货者的许可证和食品合格证明文件，做食品进货查验记录。从事食品批发业务的经营企业应当建立食品销售记录制度，如实记录批发食品的名称、规格、数量、生产日期或者生产批号、保质期、销售日期以及购货者名称、地址、联系方式等内容，并保存相关凭证。

《食品安全法》赋予食品经营者三项食品安全法律义务：建立健全食品安全管理制度、建立食品安全自查制度、建立食品进货查验记录和食品销售记录制度。以上三项均为注重制度建设的形式上的监督义务，食品经营者仅需要查验供货者的许可证和食品合格证明文件，如实记录食品相关信息并保存相关凭证等。仅概括规定食品经营者应加强食品检验工作，未规定严格的食品检验义务。

2.《食品安全法》赋予食品经营者严格意义上的食品安全行政法律责任

《食品安全法》第一百二十四条规定了食品经营者八类严格意义上的法律责任：①不得经营致病性微生物、农药残留、兽药残留、生物毒素、重金属等污染物质以及其他危害人体健康的物质含量超过食品安全标准限量的食品、食品添加剂；②不得经营用超过保质期的食品原料、食品添加剂生产的食品、食品添加剂；③不得经营超范围、超限量使用食品添加剂的食品；④不得经营腐败变质、油脂酸败、霉变生虫、污秽不洁、混有异物、掺假掺杂或者感官性状异常的食品、食品添加剂；⑤不得经营标注虚假生产日期、保质期或者超过保质期的食品、食品添加剂；⑥不得经营未按规定注册的保健食品、特殊医学用途配方食品、婴幼儿配方乳粉；⑦食品经营者不得在食品安全监督管理部门责令其召回或者停止经营后，仍不召回或者停止经营；⑧除前七类和本法第一百二十三条、第一百二十五条规定的情形外，不得经营不符合法律、法规或者食品安全标准的食品、食品添加剂。

《食品安全法》第一百二十五条规定了食品经营者四类严格意义上的法律责任：①不得经营被包装材料、容器、运输工具等污染的食品、食品添加剂；②不得经营无标签的预包装食品、食品添加剂或者标签、说明书不符合本法规定的食品、食品添加剂；③不得经营未按规定进行标示的转基因食品；④食品经营者不得采购或者使用不符合食品安全标准的食品原料、食品添加剂、食品相关产品。

从《食品安全法》第九章法律责任第一百二十四、一百二十五条等法条来看，食品经营者（销售者）需要承担以上几类严格意义上的法律责任。通过法律义务和法律责任的前后对照可见，食品经营者承担的食品安全行政法律责任与法律义务不一致。

（三）《农产品质量安全法》对食品经营者的食品安全法律义务与法律责任的规定前后不一

1. 农产品生产企业和农民专业合作社对农产品质量安全检测的法律义务和法律责任不一致

《农产品质量安全法》第三十四条规定，销售的农产品应当符合农产品质量安全标准。农产品生产企业、农民专业合作社应当根据质量安全控制要求自行或者委托检测机构对农产品质量安全进行检测；经检测不符合农产品质量安全标准的农产品，应当及时采取管控措施，且不得销售。农业技术推广等机构应当为农户等农产品生产经营者提供农产品检测技术服务。

《农产品质量安全法》的第五章第三十四条规定了农产品生产企业和农民专业合作社应当自行或者委托检测机构对农产品质量安全状况进行检

测，经检测不符合农产品质量安全标准的农产品，不得销售，但第七章法律责任部分没有规定销售未经检测或检测不符合标准的农产品应承担的法律责任。

2. 农产品销售企业的进货检查验收的法律义务和法律责任不一致

《农产品质量安全法》第三十七条第二款规定，农产品销售企业对其销售的农产品应当建立健全进货检查验收制度，经查验不符合农产品质量安全标准的，不得销售。

《农产品质量安全法》在第五章第三十七条规定了经查验不符合农产品质量安全标准的农产品不得销售，但第七章"法律责任"部分没有规定未履行法律义务相对应的法律责任。

四、食品生产加工小作坊、食品摊贩等的食品安全法律责任不够清晰

（1）食品生产加工小作坊、食品摊贩等数量多，管理有些不便。国务院原食品安全办协调指导司副司长王小岩指出，我国食品生产加工小作坊、食品摊贩占食品生产经营者的绝大多数。①

（2）食品生产加工小作坊、食品摊贩等未在《食品安全法》规范之内。这意味着在数量上占大多数也是食品安全问题多发的食品经营者被排除在食品安全法规范之外。

（3）食品生产加工小作坊、食品摊贩等的食品安全法律责任不明。《食品安全法》只规定了"食品生产加工小作坊和食品摊贩等的具体管理办法由省、自治区、直辖市制定"，而没有规定它们与《食品安全法》规范内食品经营者所经营食品的安全性差异如何区分。

---

① 李小健. 食品小作坊小摊贩：食品安全事故"高发区"[J]. 中国人大，2012（3）：15.

第四章　中国流通领域市场经营者的食品安全法律责任研究

第一节　食品市场经营者概述

一、食品市场经营者的概念

虽然消费者直接面对的是超市、农贸市场等，它们于是天然地被认定为销售者，但严格而言，超市、农贸市场等并非商品的实际销售者（自营商品除外）。为了与实际销售者区别开来，本章将超市、农贸市场等提供销售场所的组织界定为市场经营者，它们销售自制商品时仍为销售者。《食品安全法》《消费者权益保护法》《农产品质量安全法》等根据食品经营者的经营形态和经营对象，将食品经营者概括区分为食品市场经营者和食品实际销售者（简称食品销售者）两种并分别进行规范。

食品市场经营者是伴随现代商品流通形式出现的食品经营者，是食品的间接经营者。它主要为食品销售者提供食品销售的场所或平台，食品销售者通过其提供的场所或平台将食品销售给消费者。

二、食品市场经营者的经营形式

（一）市场经营者的一般经营形式

根据市场经营有无店铺等实体经营形式，市场分为实体市场和虚拟市场。百货商店、超级市场、仓储商店、购物中心、批发市场、自动售货机等为实体市场，电视、广播、网上超市、网上商城等为虚拟市场。

（二）食品市场经营者的经营形式

1.《食品安全法》等法律明确规范的食品市场经营者的经营形式

《食品安全法》明确规范的食品市场经营者有：集中交易市场的开办者、柜台出租者、展销会的举办者、网络食品交易第三方平台提供者。《消费者权益保护法》明确规范的食品市场经营者有：宾馆、商场、餐馆、银行、机场、车站、港口、影剧院等经营场所的经营者、网络食品交易第三方平台提供者。《农产品质量安全法》明确规范的食品市场经营者为农产品批发市场。《食用农产品市场销售质量安全监督管理办法》第四十九条规定，食用农产品集中交易市场是指销售食用农产品的批发市场和零售市场（含农贸市场等集中零售市场）。食用农产品集中交易市场开办者，指依法设立，为食用农产品批发、零售提供场地、设施、服务以及日常管理的企业法人或者其他组织。

法律明确规范的食品市场经营者有五种：集中交易市场的开办者、柜台出租者、展销会的举办者、网络食品交易第三方平台提供者、农产品批发市场。大多数实体市场和虚拟市场可归属于此五种食品市场经营者。

2. 食品市场经营者在经济市场中的经营形式

食品市场经营者与食品销售者往往相伴而生。在现实的食品流通中，伴随着食品经营形式的多样化，食品销售者与食品市场经营者的身份往往出现交叉与重合。食品销售者如果出租部分柜台，则同时兼具了食品市场经营者的身份；食品市场经营者如果自营商品，则同时兼具了食品销售者的角色。

三、食品市场经营者的特征

（1）食品市场经营者与食品安全具有关联性。食品市场经营者为不安全食品销售者提供了违法的平台，才使得食品销售者侵犯消费者权益的行为成为可能。绝大多数消费者走进集中交易市场购买食品，与其说信赖某一特定的食品销售者，不如说信赖集中交易市场开办者的商业品牌。[1] 因其关联性特点，食品市场经营者与食品安全具有了紧密联系，继而承担了相应的法律义务与法律责任。

---

① 徐海燕. 论《食品安全法》中的新型民事责任 [J]. 法学论坛，2009 (5)：12.

（2）食品市场经营者与食品销售者承担连带赔偿责任。《农产品质量安全法》《消费者权益保护法》《食品安全法》对为损害消费者合法权益的食品销售者提供经营场所的市场经营者规定了连带赔偿责任。

（3）规制食品市场经营者的行为有助于从外围协助打击食品生产经营的违法行为。目前集中交易市场和网络食品交易第三方平台仍然存在食品安全的风险。修订后的《食品安全法》强化了食品安全监督管理和问责，增加了流通领域食品市场经营者的法律责任，意图从外围打击食品生产经营的违法行为。

第二节　食品市场经营者食品安全法律责任的类型化分析

一、食品市场经营者的食品安全民事法律责任

食品市场经营者的食品安全民事法律责任主要体现在《农产品质量安全法》《消费者权益保护法》《食品安全法》之中。

（一）《农产品质量安全法》中食品市场经营者的食品安全民事法律责任

1. 食品市场经营者明知农产品经营者从事 3 种严重违法行为仍为其提供经营场所的民事责任

根据第七十条第二款的规定，明知农产品经营者从事严重违反《农产品质量安全法》的行为，仍为其提供生产经营场所或者其他条件的，使消费者的合法权益受到损害的，应当与农产品生产经营者承担连带责任。

2. 食用农产品进入批发、零售市场后适用《食品安全法》的规定

根据第七十七条的规定，《食品安全法》对食用农产品进入批发、零售市场后的违法行为和法律责任有规定的，由县级以上地方人民政府市场监督管理部门依照其规定进行处罚。

以上规定意味着消费者购买农产品批发市场中销售的农产品造成损害的，农产品批发市场为责任人，消费者可以向农产品批发市场要求赔偿。基于违法行为与损害事实之间的因果关系，损失来自生产者、销售者的过错，农产品批发市场有权向农产品生产者、销售者追偿，同时消费者也可以选择向生产者、销售者直接求偿。该规定旨在保护消费者，增加消费者寻求救济的途径，将市场经营者纳入赔偿对象。

（二）《消费者权益保护法》中食品市场经营者的食品安全民事法律责任

1. 展销会、租赁柜台的食品安全民事法律责任

根据第四十三条的规定，消费者在展销会、租赁柜台购买商品或者接受服务，其合法权益受到损害的，可以向销售者或者服务者要求赔偿；展销会结束或者柜台租赁期满后，也可以向展销会的举办者、柜台的出租者要求赔偿；展销会的举办者、柜台的出租者赔偿后，有权向销售者或者服务者追偿。

2. 网络食品交易第三方平台提供者未尽到形式注意义务的食品安全民事法律责任

根据第四十四条第一款的规定，消费者通过网络食品交易第三方平台购买商品或者接受服务，其合法权益受到损害的，可以向销售者或者服务者要求赔偿。网络食品交易第三方平台提供者不能提供销售者或者服务者的真实名称、地址和有效联系方式的，消费者也可以向网络食品交易第三方平台提供者要求赔偿；网络食品交易第三方平台提供者做出了更有利于消费者的承诺的，应当履行承诺。网络食品交易第三方平台提供者赔偿后，有权向销售者或者服务者追偿。

3. 网络食品交易第三方平台提供者明知或者应知销售者利用其平台侵害消费者合法权益而未采取必要措施的食品安全民事法律责任

根据第四十四条第二款的规定，网络食品交易第三方平台提供者明知或者应知销售者利用其平台侵害消费者合法权益而未采取必要措施的，依法与该销售者承担连带责任。

《消费者权益保障法》规定，通过展销会、租赁柜台或者网络食品交易第三方平台购买商品或服务的消费者受到损害，除直接向销售者或服务者求偿以外，针对此类交易具有的时间性特征，如果过期找不到销售者或服务者，可以向食品市场经营者要求赔偿。但是食品市场经营者基于民事责任的构成要件，可以向直接责任人——销售者或服务者追偿。该规定同样出于对消费者的保护，扩大了消费者的求偿范围，将市场经营者纳入赔偿对象；并且专门对网络食品交易第三方平台提供者规定了在不尽注意义务情形下和明知或者应知销售者或者服务者利用其平台侵害消费者合法权益而未采取必要措施时，与销售者承担连带责任。

（三）《食品安全法》中食品市场经营者的民事法律责任

《食品安全法》修订后的亮点之一是增加了食品市场经营者的食品安

全民事法律责任，主要如下：

1. 在明知情形下给未取得食品经营许可权的销售者提供经营场所或其他条件的，食品市场经营者要与食品销售者承担连带责任

根据第一百二十二条第二款的规定，明知食品销售者违反食品安全法规定，未取得食品生产经营许可而从事食品经营活动，仍为其提供经营场所或其他条件的，使消费者的合法权益受到损害的，应当与食品生产经营者承担连带责任。

2. 食品市场经营者在明知情形下为从事八类最严重违法食品经营的食品销售者提供经营场所或其他条件的，承担连带责任

根据第一百二十三条第二款的规定，明知食品销售者从事第一款规定的八类最严重违法食品生产经营行为，仍为其提供经营场所或其他条件的，使消费者的合法权益受到损害的，应当与食品销售者承担连带责任。

3. 集中交易市场的开办者、柜台出租者、展销会的举办者，未尽到形式注意义务时，需与食品销售者承担连带责任

根据第一百三十条第一款的规定，违反本法规定，集中交易市场的开办者、柜台出租者、展销会的举办者允许未依法取得许可的食品销售者进入市场销售食品，或者未履行检查、报告等义务的，使消费者的合法权益受到损害的，应当与食品销售者承担连带责任。第二款规定，食用农产品批发市场违反本法第六十四条规定的，依照前款规定承担责任。

4. 网络食品交易第三方平台提供者未尽到形式注意义务时须与销售者承担连带责任

根据第一百三十一条第一款的规定，违反本法规定，网络食品交易第三方平台提供者未对入网食品经营者进行实名登记、审查许可证，或者未履行报告、停止提供网络食品交易第三方平台服务等义务的，使消费者的合法权益受到损害的，应当与食品销售者承担连带责任。

5. 网络食品交易第三方平台提供者承担赔偿后，有权向入网食品销售者或者食品生产者行使追偿权

根据第一百三十一条第二款的规定，消费者通过网络食品交易第三方平台购买食品，其合法权益受到损害的，网络食品交易第三方平台提供者不能提供入网食品经营者的真实名称、地址和有效联系方式的，由网络食品交易第三方平台提供者赔偿。网络食品交易第三方平台提供者赔偿后，

有权向入网食品销售者或者食品生产者追偿。网络食品交易第三方平台提供者做出更有利于消费者承诺的，应当履行其承诺。

《食品安全法》对食品市场经营者的规定非常全面，涵盖集中交易市场的开办者、柜台出租者、展销会的举办者、网络食品交易第三方平台提供者，以及明知从事第一款规定的八类最严重违法食品生产经营行为，仍为其提供经营场所或者其他条件的情形；明知食品经营者违反《食品安全法》规定，未取得食品生产经营许可从事食品经营活动，仍为其提供经营场所或者其他条件的情形，食品市场经营者与食品销售者承担连带责任。

（四）食品市场经营者的食品安全民事法律责任的特征

（1）食品市场经营者的食品安全民事法律责任为事后责任。根据民事责任对客观违法行为的要求，市场经营者的民事法律责任在经营者危害食品安全的损害事实发生后产生，为事后责任。

（2）我国食品流通领域食品市场经营者的民事法律责任主要呈现出补偿与惩罚相结合的特征。

（3）食品市场经营者的食品安全民事法律责任为两种：过错责任和连带责任。

二、食品市场经营者的食品安全刑事法律责任

（一）《刑法》等法律规定的市场经营者的食品安全刑事法律责任

《刑法》中有关食品安全的罪名主要有三个：生产、销售不符合安全标准的食品罪，生产、销售有毒、有害食品罪，生产、销售伪劣产品罪。以上罪名的犯罪主体均为食品的直接生产者或销售者。食品市场经营者作为消费者合法权益损害的间接加害人并不构成食品安全刑事犯罪的主体。根据《刑法》《食品安全法》《农产品质量安全法》《消费者权益保障法》《产品质量法》的规定，食品市场经营者并不承担任何食品安全刑事法律责任。

（二）最高人民法院发布的司法解释规定的食品市场经营者的食品安全刑事法律责任

《最高人民法院关于审理食品药品纠纷案件适用法律若干问题的规定》第十四条规定，明知他人销售不符合安全标准的食品，有毒、有害食品，提供生产、经营场所等便利条件的，以生产、销售不符合安全标准的食品

罪或者生产、销售有毒、有害食品罪的共犯论处。

（三）食品市场经营者的食品安全刑事法律责任的特征

（1）刑事责任是对流通领域食品市场经营者的食品安全问题最严厉的法律责任。

（2）流通领域食品市场经营者的食品安全刑事法律责任的内容。食品市场经营者以生产、销售不符合安全标准的食品罪或者生产、销售有毒、有害食品罪的共犯论处。

（3）流通领域食品市场经营者的食品安全刑事法律责任类型。食品市场经营者的食品安全刑事法律责任需要以"明知"为前提，明知他人生产、销售不符合安全标准的食品，有毒、有害食品，仍然提供生产、经营场所等便利条件的，为事后责任。

三、食品市场经营者的食品安全行政法律责任

（一）《食品安全法》规定的食品市场经营者承担的食品安全行政法律责任

1. 食品市场经营者在明知情形下给未取得食品经营许可权的食品销售者提供经营场所的食品安全行政法律责任

根据第一百二十二条第二款的规定，明知食品销售者违反《食品安全法》规定，未取得食品生产经营许可从事食品经营活动，仍为其提供经营场所或者其他条件的。

2. 食品市场经营者在明知情形下给从事八类最严重违法食品经营的食品销售者提供经营场所的食品安全行政法律责任

根据第一百二十三条第二款的规定，明知从事第一款规定的八类最严重违法食品生产经营行为，仍为其提供经营场所或者其他条件的。

3. 集中交易市场的开办者、柜台出租者、展销会的举办者未尽到形式注意义务，食用农产品批发市场没尽检测义务的食品安全行政法律责任

根据第一百三十条第一款的规定，违反本法规定，集中交易市场的开办者、柜台出租者、展销会的举办者允许未依法取得许可的食品销售者进入市场销售食品，或者未履行检查、报告等义务的。

根据第一百三十条第二款的规定，食用农产品批发市场违反本法第六十四条规定，没有配备检验设备和检验人员或者委托符合本法规定的食品

检验机构，对进入该批发市场销售的食用农产品进行抽样检验；发现不符合食品安全标准的，没有按要求责令食品销售者立即停止销售，并向食品安全监督管理部门报告的。

4. 网络食品交易第三方平台提供者未尽到形式注意义务的食品安全行政法律责任

根据第一百三十一条第一款的规定，违反本法规定，网络食品交易第三方平台提供者未对入网食品销售者进行实名登记、审查许可证，或者未履行报告、停止提供网络食品交易第三方平台服务等义务的。

（二）《农产品质量安全法》规定市场经营者承担的食品安全行政法律责任

1. 市场经营者明知农产品经营者从事严重违反《农产品质量安全法》的活动，仍为其提供生产经营场所的食品安全行政法律责任

根据第七十条第二款规定，明知农产品经营者从事严重违反农产品质量安全法的活动，仍为其提供生产经营场所或者其他条件的。

2. 食用农产品进入批发、零售市场后适用《食品安全法》的规定的食品安全行政法律责任

根据第七十七条的规定，《食品安全法》对食用农产品进入批发、零售市场后的违法行为和法律责任有规定的，由县级以上地方人民政府市场监督管理部门依照其规定进行处罚。

（三）食品市场经营者的食品安全行政法律责任的特征

（1）行政法律责任是流通领域食品市场经营者的食品安全主要法律责任。相对于刑事法律责任，行政法律责任因其适用性和覆盖面更广而成为食品市场经营者的食品安全的主要法律规制手段。

（2）流通领域食品市场经营者的食品安全行政法律责任的内容。食品市场经营者的食品安全行政法律责任包括两方面：一是行政法律关系主体必须依法进行一定的作为或者不作为，二是行政法律关系主体由于没有履行或者没有正确履行其应履行的义务而引起的一定否定性的法律后果。[①]

（3）流通领域食品市场经营者的食品安全行政法律责任以食品安全预防为主要目的，既可以为事前责任，也可以为事后责任。

---

① 罗豪才，湛中乐. 行政法学［M］. 3 版. 北京：北京大学出版社，2012：343.

第三节　食品市场经营者的食品安全法律责任之不足

一、电视台和广播电台的食品安全法律责任承担不足

电视购物、广播购物中的电视台、广播电台作为流通领域食品市场经营主体，其食品安全法律责任尚没有相应的法律规定。电视购物、广播购物与网络购物在形式上同属虚拟市场，《消费者权益保护法》与《食品安全法》仅对网络食品交易第三方平台、网络食品交易第三方平台提供者作为食品市场经营者进行了规范，电视台、广播电台尚未明确纳入食品市场经营者范围，相应的其作为食品市场经营主体的食品安全法律责任尚未规范。

目前电视台和广播电台在《消费者权益保护法》《广告法》中仅可作为广告的发布者受到法律规制，对设计、制作、发布危害消费者生命健康的虚假广告承担连带责任；欺骗、误导消费者，在找不到广告主的情况下承担赔偿责任。

而且《消费者权益保护法》《广告法》仅对广告的形式和内容、发布的虚假广告对消费者造成损害予以规范，也仅涉及保健食品广告，宣传有替代母乳功能的婴儿乳制品、饮料和其他食品广告，因认为广告背后的食品安全性不属于广告范畴而没有对其予以规范。

二、食品市场经营者的食品安全法律责任承担不足

（一）食品市场经营者的食品安全刑事法律责任承担不足

1.《刑法》等法律没有规定食品市场经营者的食品安全刑事责任

在食品市场经营者的食品安全刑事责任方面，根据刑事责任因果关系理论，食品市场经营者因与食品安全的危害结果没有直接的因果关系而不应承担任何刑事责任。《刑法》《食品安全法》等法律无法体现市场经营者的食品安全刑事责任。要打击流通领域食品安全犯罪，不仅要打击食品销售者，还要从相关领域或外围进行打击，从而达到流通领域食品安全治理的全面和有效。

2. 最高人民法院发布的司法解释只规定了食品市场经营者的部分食品安全刑事责任

《最高人民法院关于审理食品药品纠纷案件适用法律若干问题的规定》

增加了食品市场经营者可以按生产、销售不符合安全标准的食品罪或者生产、销售有毒、有害食品罪的共犯论处。这在很大程度上弥补了食品市场经营者不承担食品安全刑事责任的不足，但还不足以涵盖与食品市场经营者相关的全部食品安全刑事犯罪。

3. 《刑法》对网络食品交易第三方平台提供者作为食品市场经营者的食品安全刑事责任规定不足

原国家食品药品监督管理总局颁布的《网络食品安全违法行为查处办法》规定，网络食品交易第三方平台提供者违反《食品安全法》规定，构成犯罪的，依法追究刑事责任。而《刑法》中食品安全的犯罪主体仅为生产者和销售者，并无食品市场经营者，此规定也凸显了对食品市场经营者进行刑法规制的必要性，说明《网络食品安全违法行为查处办法》的规定需要与《刑法》实现对接。

(二) 食品市场经营者的食品安全民事法律责任承担不足

1. 食品市场经营者在"明知"情形下与食品销售者承担连带责任

在食品安全民事法律责任方面，食品市场经营者只需要履行实名登记、审查许可证、抽样检查、报告、停止提供网络平台服务等对食品销售者的形式管理责任，若食品销售者违反规定则需要承担连带责任。对明知未取得食品经营许可从事食品经营活动或者明知食品经营者从事八类最严重的违法行为，仍为其提供经营场所的，视为有了共同从事违法行为的"合意"①，需要承担连带责任。

2. 食品市场经营者最终不承担任何食品安全民事法律责任

然而，即使承担连带责任，根据民事法律责任的过错责任原则，食品市场经营者承担连带责任后，可向销售者或生产者追偿，也即市场经营者承担的不是真正的连带责任，最终，食品市场经营者不承担任何食品安全民事法律责任。

(三) 食品市场经营者的食品安全行政法律责任承担不足

1. 《食品安全法》规定食品市场经营者履行形式管理责任后不承担任何实质的食品安全行政法律责任

在食品安全行政法律责任方面，《食品安全法》规定食品市场经营者

---

① 信春鹰. 中华人民共和国食品安全法解读 [M]. 北京：中国法制出版社，2015：322-326.

只需要履行形式审查、实名登记、检查、报告等对食品销售者的形式管理责任，并不承担任何实质的食品安全行政法律责任。

2.《农产品质量安全法》规定除农产品批发市场以外的其他农产品市场经营者承担任何食品安全行政法律责任

《农产品质量安全法》仅规定农产品批发市场具有较高的农产品质量安全抽查检测的义务和行政法律责任，而除农产品批发市场以外的其他农产品市场经营者并不承担食品安全义务和行政法律责任。

从以上分析可以看出，对于食品市场经营者而言，除农产品批发市场需要承担极少量的食品安全行政法律责任以外，其他食品市场经营者均不用承担任何刑事、民事、行政方面的食品安全法律责任。

三、身份重合的食品经营者的食品安全法律责任区分不足

近年来，食品市场经营者、食品销售者、食品生产者等多种身份重合的现象在流通领域呈现快速发展的趋势。自营商品一方面可以减少流通环节，降低食品销售成本和价格，提高食品的市场竞争力；另一方面可以减少食品在多个中间商中流转可能导致的污染及出现其他食品安全问题。

（一）食品市场经营者自营商品的类别

食品市场经营者自营商品目前主要有三种情形：①食品销售者同时是生产者，如农民专业合作社经营的农产品直供店（农产品直供超市）、生产商经营的食品专营店（厂家直销）等。②食品市场经营者同时是食品销售者，如一号店、天猫、京东、当当等网上超市自营一部分食品等；③既是食品市场经营者，又是食品销售者和生产者，如沃尔玛、人人乐、大润发、京东等超市均经营自有品牌的食品。《食品安全法》只是根据食品生产者与食品销售者的身份规定各自的食品安全行政法律责任。

（二）食品市场经营者自营商品的食品安全法律责任立法区分不足

从理论上讲，食品安全监督管理部门对于第一种自营商品可能追究其作为生产者和销售者的两项食品安全法律责任；对于第二种自营商品，可能追究其作为食品销售者和食品市场经营者的两项食品安全法律责任；对于第三种自营商品可能追究其作为生产者、销售者和市场经营者的三项食品安全法律责任。同一个行政管理对象的同一个具体行政行为承担多个食品安全行政法律责任，未免过重，也不利于立法对自营商品的鼓励和支

持。笔者认为，对生产者、销售者和市场经营者多种身份重合的自营商品承担的法律责任，应根据情形有所区分。同时，对于第二种和第三种自营商品，食品市场经营者身兼多种身份，其监督管理责任也无法落实。

四、网络食品交易第三方平台提供者的食品安全法律责任标准不足

（一）《消费者权益保护法》与《食品安全法》有关网络食品交易第三方平台提供者的食品安全法律责任标准不同

关于网络食品交易平台提供者的法律责任规定，《食品安全法》不如《消费者权益保护法》严格。《消费者权益保护法》规定，网络食品交易第三方平台提供者在明知或应知且未采取必要措施的情形下，与网络食品交易第三方平台销售者或服务者承担连带责任。《食品安全法》仅规定网络食品交易第三方平台提供者在未履行形式义务（形式审查、报告、停止服务）的情形下，与食品经营者承担连带责任。其中履行报告和停止服务义务的前提是：发现入网食品经营者违反实名登记、没有依法取得食品经营许可证。此处《食品安全法》规定的"发现"等同于《消费者权益保护法》规定的主观认识状态为"明知"。网络食品交易平台提供者只有发现才须履行义务，若未发现，则无须履行义务。可见，"应知"并不在《食品安全法》规定的网络食品交易平台提供者的责任之内，然而，"应知"对网络食品交易平台提供者而言难度和工作量更大。两相比较，可以看出较之《食品安全法》，《消费者权益保护法》对网络食品交易第三方平台提供者规定的法律责任相对更为严格。正如杨立新教授所言，《消费者权益保护法》关于网络食品交易第三方平台提供者认定连带责任的标准还是主观主义立场，而《食品安全法》规定网络食品交易第三方平台提供者是客观连带责任。网购食品责任规则没有规定主观连带责任规则，存在立法漏洞。食品作为特殊商品，比一般性商品对安全性的要求高，与之相对应，网络食品交易第三方平台提供者的法律责任应该比普通商品网络食品交易第三方平台提供者的法律责任更高，然而目前的立法与之相反，显然不合适。

（二）《食品安全法》中集中交易市场等传统食品市场经营者与网络食品交易第三方平台提供者等新型食品市场经营者的食品安全法律责任标准不同

传统食品市场经营者在未履行定期检查食品销售者的经营环境和条件

的义务时，与食品销售者承担连带责任，而网络食品交易平台提供者因在空间上远离食品经营者与食品而不负有检查的义务。客观原因导致《食品安全法》对网络食品交易平台提供者的食品安全管理责任要求较之传统市场经营者更低。然而，定期对食品销售者的经营环境和条件进行现场检查和监督才能有效地保障食品安全。网络食品交易平台提供者承担的形式审查只针对经营者是否进行实名登记和是否取得经营许可证，对交易食品本身的安全几乎没有任何涉及。两相比较，网络食品交易平台提供者对食品安全管理的法律责任明显太弱，网络食品交易平台的食品安全处于低洼地带。可以预见，随着网络食品经济的快速发展，网络食品交易平台势必成为食品安全问题的重灾区。

第五章　中国流通领域食品安全法律制裁研究

　　法律制裁是国家通过强制对责任主体的人身、财产和精神实施制裁的方式，是法律责任的实现方式。根据法律制裁的性质，法律制裁的种类主要分为刑事法律制裁、民事法律制裁、行政法律制裁三种。近年来，学界和社会各界对加大食品安全违法行为的制裁力度早已达成共识，2009 年颁布的《食品安全法》（经历了 2015 年修订和 2018 年、2021 年两次修正）、2011 年实施的《刑法修正案（八）》、最高人民法院 2013 年发布的《最高人民法院关于审理食品药品纠纷案件适用法律若干问题的规定》（后经 2020 年、2021 年修正）、2021 年发布的《最高人民法院关于审理食品安全民事纠纷案件适用法律若干问题的解释（一）》等均体现了我国从刑事、民事、行政三方面对食品安全违法行为加强的法律制裁。

　　根据《食品安全法》《消费者权益保障法》等法律，流通领域食品安全法律的制裁对象为流通领域食品安全法律责任的主体，主要是食品销售者、食品市场经营者。虽然流通领域食品安全有来自贮存者、运输者的责任，但是贮存、运输一般由食品销售者承担，或者由食品销售者向专门经营贮存、运输业务的企业或个人购买，只是外包而已。从严格意义上讲，贮存、运输属于食品销售者从事食品经营的一部分，贮存者、运输者不直接与消费者产生买卖关系和侵权关系，消费者不直接追究贮存者、运输者的法律责任。食品销售者在承担贮存者、运输者的责任后，可以向贮存者、运输者追偿。

第一节　流通领域食品安全刑事法律制裁

一、流通领域食品安全刑事法律制裁的相关立法

（一）《刑法》中流通领域食品安全刑事法律制裁的规定

1. 生产、销售不符合卫生标准的食品罪的法律制裁

（1）1997年《刑法》第一百四十三条销售不符合卫生标准食品罪的法律制裁规定

①第一档法定刑。足以造成严重食物中毒事故或者其他严重食源性疾患的，处三年以下有期徒刑或者拘役，并处或者单处销售金额百分之五十以上二倍以下罚金。

②第二档法定刑。对人体健康造成严重危害的，处三年以上七年以下有期徒刑，并处销售金额百分之五十以上二倍以下罚金。

③第三档法定刑。后果特别严重的，处七年以上有期徒刑或者无期徒刑，并处销售金额百分之五十以上二倍以下罚金或者没收财产。

（2）生产、销售不符合卫生标准的食品罪的法律制裁的特点

①起刑点较低。"足以造成严重食物中毒事故或者其他严重食源性疾患"与罪名中"不符合卫生标准"相一致，"疾患"并没有严重到"疾病"的程度。

②罪状较为概括。"严重"到何种程度，由司法人员自由裁量，公安机关、检察院和法院之间的判断标准可能存在差异。

③罚金数额有严格限制。罚金在销售金额百分之五十以上二倍以下。大多数食品的销售金额不高，如果在100元以内，罚金的数额对犯罪嫌疑人或被告人没有太强的威慑力。

2. 生产、销售不符合卫生标准的食品罪的法律制裁的修改

（1）2011年《刑法》第一百四十三条将"销售不符合卫生标准的食品罪"改为"生产、销售不符合安全标准的食品罪"后的法律制裁规定

2011年2月，国家颁布《刑法修正案（八）》，修改《刑法》第一百四十三条。2011年4月，最高人民法院、最高人民检察院发布《关于执行〈中华人民共和国刑法〉确定罪名的补充规定（五）》，确定新修改的

《刑法》第一百四十三条为生产、销售不符合安全标准的食品罪，并规定取消生产、销售不符合卫生标准的食品罪罪名。

新修改的"生产、销售不符合安全标准的食品罪"的法律制裁有：

①第一档法定刑。足以造成严重食物中毒事故或者其他严重食源性疾病的，处三年以下有期徒刑或者拘役，并处罚金。

②第二档法定刑。对人体健康造成严重危害或者有其他严重情节的，处三年以上七年以下有期徒刑，并处罚金。

③第三档法定刑。后果特别严重的，处七年以上有期徒刑或者无期徒刑，并处罚金或者没收财产。

（2）《刑法》第一百四十三条从"生产、销售不符合卫生标准的食品罪"修改为"生产、销售不符合卫生标准的食品罪"的法律制裁的前后变化

①修改罪状。将"食源性疾患"修改为"食源性疾病"，提高了该罪的构成条件，"疾病"比"疾患"的危害后果严重，《食品安全法》第一百五十条规定，食源性疾病指食品中致病因素进入人体引起的感染性、中毒性等疾病，包括食物中毒；增加"有其他严重情节的"作为第二档加重处罚的情节之一，主要是为了降低此类犯罪的侦查、调查取证的难度，因为生产、销售不符合安全标准的食品，尽管没有对人体健康造成严重危害或者后果难以查清，但从非法获利的金额、销售食品的数量、食品扩散的范围等角度能够证明其严重危害的，仍可依法处以较重的刑罚。①

②修改罚金。将第一档法定刑中"并处或者单处销售金额百分之五十以上二倍以下罚金"修改为"并处罚金"，删除单处罚金，取消之前的罚金额度"销售金额百分之五十以上二倍以下"，由此增加了法官的自由裁量权，也加大了罚金刑的处罚额度，上不封顶，实则提高了对食品经营者的经济打击和制裁力度。

3. 生产、销售有毒、有害食品罪的法律制裁的修改

（1）2009 年《刑法》第一百四十四条对生产、销售有毒、有害食品罪的法律制裁规定

①第一档法定刑。处五年以下有期徒刑或者拘役，并处或者单处销售金额百分之五十以上二倍以下罚金。

---

① 黄太云. 刑法修正案解读全编：根据刑法修正案（八）全新阐释［M］. 北京：人民法院出版社，2011：79.

②第二档法定刑。造成严重食物中毒事故或者其他严重食源性疾患，对人体健康造成严重危害的，处五年以上十年以下有期徒刑，并处销售金额百分之五十以上二倍以下罚金。

③第三档法定刑。致人死亡或者对人体健康造成特别严重危害的，依照本法第一百四十一条的规定处罚。

（2）2011 年《刑法》第一百四十四条对生产、销售有毒、有害食品罪的法律制裁规定

①第一档法定刑。处五年以下有期徒刑，并处罚金。

②第二档法定刑。对人体健康造成严重危害或者有其他严重情节的，处五年以上十年以下有期徒刑，并处罚金。

③第三档法定刑。致人死亡或者有其他特别严重情节的，依照本法第一百四十一条的规定处罚。

（3）《刑法》第一百四十四条对生产、销售有毒、有害食品罪的法律制裁的修改

《刑法》第一百四十四条的修改变化主要体现在以下四方面：①第一档法定刑删除了"拘役"处罚。②第二档法定刑删除了"造成严重食物中毒事故或者其他严重食源性疾患"，增加了"或者有其他严重情节的"，扩大了刑罚的适用情形，增加了法官的自由裁量范围。③第三档法定刑将"对人体健康造成特别严重危害的"修改为"有其他特别严重情节的"，扩大了最刑罚的适用情形，增加了法官适用最高刑的自由裁量权。④修改"罚金"处罚。将"并处或者单处销售金额百分之五十以上二倍以下罚金"修改为"并处罚金"。删除单处罚金，取消之前的罚金额度"销售金额百分之五十以上二倍以下"。修改后罚金的数额及处罚力度都可以由法官根据具体情形自由裁量，意味着该罪的处罚一定会伴有罚金刑，罚金数额上不封顶，对生产、销售有毒、有害食品罪的处罚力度加大。

（二）《最高人民法院、最高人民检察院关于办理危害食品安全刑事案件适用法律若干问题的解释》中流通领域食品安全刑事法律制裁的规定

1. 对生产、销售不符合安全标准的食品罪的法律制裁的规定

（1）明确规定了"足以造成严重食物中毒事故或者其他严重食源性疾病"的情形

规定"足以造成严重食物中毒事故或者其他严重食源性疾病"有五种

情形：①含有严重超出标准限量的致病性微生物、农药残留、兽药残留、生物毒素、重金属等污染物质以及其他严重危害人体健康的物质的；②属于病死、死因不明或者检验检疫不合格的畜、禽、兽、水产动物肉类及其制品的；③属于国家为防控疾病等特殊需要明令禁止生产、销售的；④特殊医学用途配方食品、专供婴幼儿的主辅食品营养成分严重不符合食品安全标准的；⑤其他足以造成严重食物中毒事故或者严重食源性疾病的情形。

（2）明确规定了"对人体健康造成严重危害"的情形

规定"对人体健康造成严重危害"有五种情形：①造成轻伤以上伤害的；②造成轻度残疾或者中度残疾的；③造成器官组织损伤导致一般功能障碍或者严重功能障碍的；④造成十人以上严重食物中毒或者其他严重食源性疾病的；⑤其他对人体健康造成严重危害的情形。

（3）明确规定了"其他严重情节"的情形

规定"其他严重情节"有六种情形：①生产、销售金额二十万元以上的；②生产、销售金额十万元以上不满二十万元，不符合食品安全标准的食品数量较大或者生产、销售持续时间六个月以上的；③生产、销售金额十万元以上不满二十万元，属于特殊医学用途配方食品、专供婴幼儿的主辅食品的；④生产、销售金额十万元以上不满二十万元，且在中小学校园、托幼机构、养老机构及周边面向未成年人、老年人销售的；⑤生产、销售金额十万元以上不满二十万元，曾因危害食品安全犯罪受过刑事处罚或者二年内因危害食品安全违法行为受过行政处罚的；⑥其他情节严重的情形。

（4）明确规定了"后果特别严重"的情形

规定"后果特别严重"有六种情形：①致人死亡的；②造成重度残疾以上的；③造成三人以上重伤、中度残疾或者器官组织损伤导致严重功能障碍的；④造成十人以上轻伤、五人以上轻度残疾或者器官组织损伤导致一般功能障碍的；⑤造成三十人以上严重食物中毒或者其他严重食源性疾病的；⑥其他特别严重的情形。

（5）依照生产、销售不符合安全标准的食品罪定罪处罚的情形

①在食品销售、运输、贮存等过程中，违反食品安全标准，超限量或者超范围滥用食品添加剂，足以造成严重食物中毒事故或者其他严重食源性疾病的。

②在食用农产品销售、运输、贮存等过程中，违反食品安全标准，超限量或者超范围滥用添加剂、农药、兽药等，足以造成严重食物中毒事故或者其他严重食源性疾病的。

③在食品销售、运输、贮存等过程中，使用不符合食品安全标准的食品包装材料、容器、洗涤剂、消毒剂或者用于食品生产经营的工具、设备等，造成食品被污染，符合刑法第一百四十三条规定的。

2. 对生产、销售不符合安全标准的食品罪的法律制裁的规定

（1）明确规定了"对人体健康造成严重危害"的情形

与生产、销售不符合安全标准的食品罪规定的"对人体健康造成严重危害"的5种情形一样。

（2）明确规定了"其他严重情节"的情形

规定"其他严重情节"有7种情形：①生产、销售金额二十万元以上不满五十万元的；②生产、销售金额十万元以上不满二十万元，有毒、有害食品数量较大或者生产、销售持续时间六个月以上的；③生产、销售金额十万元以上不满二十万元，属于特殊医学用途配方食品、专供婴幼儿的主辅食品的；④生产、销售金额十万元以上不满二十万元，且在中小学校园、托幼机构、养老机构及周边面向未成年人、老年人销售的；⑤生产、销售金额十万元以上不满二十万元，曾因危害食品安全犯罪受过刑事处罚或者二年内因危害食品安全违法行为受过行政处罚的；⑥有毒、有害的非食品原料毒害性强或者含量高的；⑦其他情节严重的情形。

（3）明确规定"其他特别严重情节"的情形

规定"其他特别严重情节"有6种情形：①生产、销售金额五十万元以上的；②造成重度残疾以上的；③造成三人以上重伤、中度残疾或者器官组织损伤导致严重功能障碍的；④造成十人以上轻伤、五人以上轻度残疾或者器官组织损伤导致一般功能障碍的；⑤造成三十人以上严重食物中毒或者其他严重食源性疾病的；⑥其他特别严重的情形。

（4）依照生产、销售有毒、有害食品罪定罪处罚的情形

①在食品销售、运输、贮存等过程中，掺入有毒、有害的非食品原料，或者使用有毒、有害的非食品原料生产食品的。②在食用农产品销售、运输、贮存等过程中，使用禁用农药、食品动物中禁止使用的药品及其他化合物等有毒、有害的非食品原料。③在保健食品或者其他食品中非

法添加国家禁用药物等有毒、有害的非食品原料的。④在食品销售、运输、贮存等过程中，使用不符合食品安全标准的食品包装材料、容器、洗涤剂、消毒剂或者用于食品生产经营的工具、设备等，造成食品被污染，符合《刑法》第一百四十四条规定的，以生产、销售有毒、有害食品罪定罪处罚。

3. 法条竞合等特殊情形的法律制裁规定

（1）生产、销售不符合安全标准的食品，有毒、有害食品，符合《刑法》第一百四十三条、第一百四十四条规定的，以生产、销售不符合安全标准的食品罪或者生产、销售有毒、有害食品罪定罪处罚。同时构成其他犯罪的，依照处罚较重的规定定罪处罚。

（2）生产、销售不符合安全标准的食品，无证据证明足以造成严重食物中毒事故或者其他严重食源性疾病，不构成生产、销售不符合安全标准的食品罪，但构成生产、销售伪劣产品罪，妨害动植物防疫、检疫罪等其他犯罪的，依照其他犯罪定罪处罚。

（3）明知他人生产、销售不符合安全标准的食品，有毒、有害食品，具有下列情形之一的，以生产、销售不符合安全标准的食品罪或者生产、销售有毒、有害食品罪的共犯论处：①提供资金、贷款、账号、发票、证明、许可证件的；②提供生产、经营场所或者运输、贮存、保管、邮寄、销售渠道等便利条件的；③提供生产技术或者食品原料、食品添加剂、食品相关产品或者有毒、有害的非食品原料的；④提供广告宣传的；⑤提供其他帮助行为的。

（4）销售不符合安全标准的食品添加剂，用于食品的包装材料、容器、洗涤剂、消毒剂，或者用于食品生产经营的工具、设备等，符合《刑法》第一百四十条规定的，以生产、销售伪劣产品罪定罪处罚。

销售用超过保质期的食品原料、超过保质期的食品、回收食品作为原料的食品，或者以更改生产日期、保质期、改换包装等方式销售超过保质期的食品、回收食品，适用前款的规定定罪处罚。

实施前两款行为，同时构成生产、销售不符合安全标准的食品罪，生产、销售不符合安全标准的产品罪等其他犯罪的，依照处罚较重的规定定罪处罚。

（5）以提供给他人生产、销售食品为目的，违反国家规定，销售国家禁止用于食品生产、销售的非食品原料，情节严重的，依照《刑法》第二百二十五条的规定以非法经营罪定罪处罚。

以提供给他人生产、销售食用农产品为目的，违反国家规定，销售国家禁用农药、食品动物中禁止使用的药品及其他化合物等有毒、有害的非食品原料，或者销售添加上述有毒、有害的非食品原料的农药、兽药、饲料、饲料添加剂、饲料原料，情节严重的，依照前款的规定定罪处罚。

（6）在畜禽屠宰相关环节，对畜禽使用食品动物中禁止使用的药品及其他化合物等有毒、有害的非食品原料，依照《刑法》第一百四十四条的规定以生产、销售有毒、有害食品罪定罪处罚；对畜禽注水或者注入其他物质，足以造成严重食物中毒事故或者其他严重食源性疾病的，依照《刑法》第一百四十三条的规定以生产、销售不符合安全标准的食品罪定罪处罚；虽不足以造成严重食物中毒事故或者其他严重食源性疾病，但符合《刑法》第一百四十条规定的，以生产、销售伪劣产品罪定罪处罚。

（7）实施本解释规定的非法经营行为，非法经营数额在十万元以上，或者违法所得数额在五万元以上的，应当认定为《刑法》第二百二十五条规定的"情节严重"；非法经营数额在五十万元以上，或者违法所得数额在二十五万元以上的，应当认定为《刑法》第二百二十五条规定的"情节特别严重"。

实施本解释规定的非法经营行为，同时构成生产、销售伪劣产品罪，生产、销售不符合安全标准的食品罪，生产、销售有毒、有害食品罪，生产、销售伪劣农药、兽药罪等其他犯罪的，依照处罚较重的规定定罪处罚。

（8）违反国家规定，利用广告对保健食品或者其他食品做虚假宣传，符合《刑法》第二百二十二条规定的，以虚假广告罪定罪处罚；以非法占有为目的，利用销售保健食品或者其他食品诈骗财物，符合《刑法》第二百六十六条规定的，以诈骗罪定罪处罚。同时构成生产、销售伪劣产品罪等其他犯罪的，依照处罚较重的规定定罪处罚。

（9）构成生产、销售不符合安全标准的食品罪，生产、销售有毒、有害食品罪，一般应当依法判处生产、销售金额二倍以上的罚金。

共同犯罪的，对各共同犯罪人合计判处的罚金一般应当在生产、销售金额的二倍以上。

（10）对实施本解释规定之犯罪的犯罪分子，应当依照刑法规定的条件，严格适用缓刑、免予刑事处罚。对于依法适用缓刑的，可以根据犯罪情况，同时宣告禁止令。

二、流通领域食品安全刑事法律制裁的特征

（1）与刑事法律责任相对应，流通领域食品安全刑事法律制裁包括事前制裁和事后制裁。生产、销售不符合安全标准的食品罪的第一档法定刑"足以造成严重食物中毒事故或者其他严重食源性疾病的"为事前制裁，其后果并未真实发生就可以采取食品安全刑事法律制裁：处三年以下有期徒刑或者拘役，并处罚金。该罪的第二档法定刑和第三档法定刑要求具备危害后果或严重情节，为事后制裁。生产、销售有毒、有害食品罪的第一档法定刑为行为犯，只要实施犯罪行为即构成犯罪，不要求危害后果，为事前制裁；第二档、第三档法定刑都要求具备危害后果或严重情节，为事后制裁。

（2）《刑法》修改体现了对流通领域食品安全刑事法律制裁加大。《刑法》第一百四十三条对生产、销售不符合安全标准的食品罪，其制裁标准多样化，不再简单以对"人体健康造成严重危害"作为制裁标准，而是将"有其他严重情节"也纳入制裁，同时加重经济制裁，将"单处罚金"改为"并处罚金"，并不设罚金上限。《刑法》第一百四十四条对生产、销售有毒、有害食品罪，删除最低刑"拘役"，以"五年以下有期徒刑"为起刑点，起刑刑种为有期徒刑，增加"有其他严重情节"和"有其他特别严重情节"以扩大制裁范围，同时增加经济制裁，全部为"并处罚金"，并没有设定最高数额限制。

（3）司法解释进一步加大了流通领域食品安全刑事法律制裁力度。《最高人民法院、最高人民检察院关于办理危害食品安全刑事案件适用法律若干问题的解释》，在法律制裁方面进一步加强。一方面，对流通领域食品经营者加大刑事制裁力度，将生产、销售不符合安全标准的食品罪和生产、销售有毒、有害食品罪的罚金标准提高为"一般应当依法判处销售金额二倍以上的罚金"。严格适用缓刑、免予刑事处罚。对依法必须适用缓刑的，一般同时宣告禁止令，禁止其在缓刑考验期内从事与食品生产、销售等有关的活动。另一方面，扩大了流通领域刑事制裁对象范围，涵盖

流通领域的外围相关人员和流通领域可能出现的危害食品安全的行为。例如，对市场经营者，按生产、销售不符合安全标准的食品罪，生产销售有毒、有害食品罪的共犯论处。共犯具体包括：在食用农产品销售、运输、贮存等过程中，使用禁用农药、食品动物中禁止使用的药品及其他化合物等有毒、有害的非食品原料或者使用不符合食品安全标准的食品包装材料、容器、洗涤剂、消毒剂，或者用于食品生产经营的工具、设备等，造成食品被污染的相关人员；在保健食品或者其他食品中非法添加国家禁用药物等有毒、有害的非食品原料的相关人员；等等。

第二节　流通领域食品安全民事法律制裁

一、流通领域食品安全民事法律制裁的相关立法

（一）《食品安全法》有关流通领域食品安全民事法律制裁的规定

1. 网络食品交易第三方平台承担赔偿

根据第一百三十一条规定，消费者通过网络食品交易第三方平台购买食品，其合法权益受到损害的，可以向入网食品经营者或者食品生产者要求赔偿。网络食品交易第三方平台提供者不能提供入网食品经营者的真实名称、地址和有效联系方式的，由网络食品交易第三方平台提供者赔偿。网络食品交易第三方平台提供者赔偿后，有权向入网食品经营者或者食品生产者追偿。

2. 食品经营者履行义务仍承担赔偿

根据第一百三十六条规定，食品经营者履行了本法规定的进货查验等义务，有充分证据证明其不知道所采购的食品不符合食品安全标准，并能如实说明其进货来源的，造成人身、财产或者其他损害的，依法承担赔偿责任。

3. 消费者因不符合食品安全标准的食品受到损害的，经营者须承担赔偿

根据第一百四十八条第一款规定，消费者因不符合食品安全标准的食品受到损害的，可以向经营者要求赔偿损失，也可以向生产者要求赔偿损失。接到消费者赔偿要求的生产经营者，应当实行首负责任制，先行赔

付，不得推诿；属于生产者责任的，经营者赔偿后有权向生产者追偿；属于经营者责任的，生产者赔偿后有权向经营者追偿。

4. 惩罚性赔偿

2015 年《食品安全法》修订最大的亮点是增加了惩罚性赔偿，根据第一百四十八条第二款规定，经营明知是不符合食品安全标准的食品，消费者除要求赔偿损失外，还可以向经营者要求支付价款十倍或者损失三倍的赔偿金；增加赔偿的金额不足一千元的，为一千元。但是，食品的标签、说明书存在不影响食品安全且不会对消费者造成误导的瑕疵除外。

（二）司法解释有关流通领域食品安全民事法律制裁的规定

1.《最高人民法院关于审理食品安全民事纠纷案件适用法律若干问题的解释（一）》有关流通领域食品安全民事法律制裁的规定

该司法解释对流通领域食品安全民事法律制裁做了如下具体规定：消费者因不符合食品安全标准的食品受到损害的赔偿；电子商务平台经营者对于自营业务所销售的食品不符合食品安全标准的赔偿；电子商务平台经营者违反《食品安全法》的注意义务，使消费者的合法权益受到损害的赔偿；公共交通运输的承运人向旅客提供的食品不符合食品安全标准的赔偿；有关单位或者个人明知食品经营者从事《食品安全法》规定的违法行为，而仍为其提供便利条件的赔偿；经营明知是不符合食品安全标准的食品中的"明知"情形；消费者认为经营者经营不符合食品安全标准的食品同时构成欺诈的赔偿；经营者经营明知不符合食品安全标准的食品，但向消费者承诺的赔偿标准高于《食品安全法》的赔偿标准的赔偿；食品符合食品安全标准但未达到生产经营者承诺的质量标准的赔偿；食品不符合食品安全标准，消费者主张经营者依据《食品安全法》承担惩罚性赔偿，经营者以未造成消费者人身损害为由抗辩的赔偿；经营未标明生产者名称等的预包装食品，消费者主张经营者依据《食品安全法》承担惩罚性赔偿；进口的食品不符合我国食品安全标准，消费者主张销售者、进口商等经营者承担赔偿。

2.《最高人民法院关于审理食品药品纠纷案件适用法律若干问题的规定》有关流通领域食品安全民事法律制裁的规定

该规定有关流通领域食品安全民事法律制裁的规定有：消费者举证证明所购买食品的事实以及所购不符合合同的约定，主张销售者承担违约赔偿；消费者举证证明因食用食品受到损害，初步证明损害与食用食品存在因果关系，主张销售者承担侵权赔偿；集中交易市场的开办者、柜台出租者、展销会举办者未履行《食品安全法》规定的审查、检查、报告等义务，使消费者的合法权益受到损害的，承担连带赔偿；消费者通过网络食品交易第三方平台购买食品遭受损害，网络食品交易第三方平台提供者不能提供食品的生产者或者销售者的真实名称、地址与有效联系方式，应消费者请求，由网络食品交易第三方平台提供者承担赔偿；网络食品交易第三方平台提供者赔偿后，有权向生产者或者销售者行使追偿权的；网络食品交易第三方平台提供者知道或者应当知道食品的销售者利用其平台侵害消费者合法权益，未采取必要措施，给消费者造成损害，与销售者承担连带赔偿；未取得食品销售资质的民事主体，挂靠具有相应资质的销售者销售食品，造成消费者损害，挂靠者与被挂靠者承担连带赔偿；销售者在虚假广告中向消费者推荐食品，使消费者遭受损害，广告经营者、广告发布者承担连带赔偿；其他民事主体在虚假广告中向消费者推荐食品，使消费者遭受损害，消费者依据《消费者权益保护法》等法律相关规定有权请求其与食品销售者承担连带赔偿；食品检验机构故意出具虚假检验报告，造成消费者损害的，应消费者请求，承担连带赔偿；食品检验机构因过失出具不实检验报告，造成消费者损害，应消费者请求，承担相应赔偿；食品认证机构故意出具虚假认证，造成消费者损害，应消费者请求，承担连带赔偿；食品认证机构因过失出具不实认证，造成消费者损害，应消费者请求，承担相应赔偿；销售者首先承担民事赔偿；销售明知是不符合安全标准的食品，除消费者要求赔偿损失外，依据《食品安全法》等法律规定，销售者应承担赔偿金。

二、流通领域食品安全民事法律制裁的特征

（1）与民事法律责任相对应，流通领域食品安全民事制裁属于事后制裁。只有在危害后果发生以后，食品安全违法主体需要承担民事法律责任，可对其依法实施民事法律制裁。

（2）流通领域食品经营者的惩罚性损害赔偿相较于一般商品经营者的惩罚性损害赔偿的惩罚性和法律制裁力度更大，体现了我国法律对食品较一般商品更为重视。《食品安全法》中对流通领域食品经营者的惩罚性损

害赔偿是"除要求赔偿损失外，还可以向经营者要求支付价款十倍或者损失三倍的赔偿金；增加赔偿的金额不足一千元的，为一千元"。《消费者权益保障法》规定的对一般商品经营者的惩罚性损害赔偿是"除赔偿消费者受到的损失外，增加赔偿的金额为消费者购买商品的价款的费用的三倍；增加赔偿的金额不足五百元的，为五百元"。《食品安全法》更是加强了对销售不安全食品、损害消费者利益的行为的法律制裁。

（3）对《食品安全法》规定的"假一罚十"的惩罚性损害赔偿保护消费者的合法权益，法院在适用惩罚性损害赔偿责任时，要区分消费者购买的食品是否"未超出合理生活消费需要"。

（4）造成消费者人身、财产或者其他损害的，食品经营者即使没有主观过错，履行了形式查验义务，仍应赔偿损失和受到法律制裁。根据第一百三十六条规定，食品经营者履行了本法规定的进货查验等义务，有充分证据证明其不知道所采购的食品不符合食品安全标准，并能如实说明其进货来源的，造成人身、财产或者其他损害的，仍然应依法承担赔偿。

第三节　流通领域食品安全行政法律制裁

一、流通领域食品安全行政法律制裁的相关立法

（一）《食品安全法》规定的流通领域食品安全行政法律制裁

1. 对未经许可从事食品经营活动的

根据第一百二十二条第一款，违反本法规定，未取得食品生产经营许可从事食品经营活动，由县级以上人民政府食品安全监督管理部门没收违法所得和违法经营的食品以及用于违法经营的工具、设备、原料等物品；违法生产经营的食品货值金额不足一万元的，并处五万元以上十万元以下罚款；货值金额为一万元以上的，并处货值金额十倍以上二十倍以下罚款。

2. 对有五类最严重违法食品经营行为的

根据第一百二十三条第一款，违反本法规定，有五类最严重违法食品经营的情形之一、尚不构成犯罪的，由县级以上人民政府食品安全监督管理部门没收违法所得和违法经营的食品，并可以没收用于违法经营的工

具、设备、原料等物品；违法经营的食品货值金额不足一万元的，并处十万元以上十五万元以下罚款；货值金额一万元以上的，并处货值金额十五倍以上三十倍以下罚款；情节严重的，吊销许可证，并可以由公安机关对其直接负责的主管人员和其他直接责任人员处五日以上十五日以下拘留。

3. 对有七类违法经营行为的

根据第一百二十四条，违反本法规定，有七类违法经营行为的情形之一、尚不构成犯罪的，由县级以上人民政府食品安全监督管理部门没收违法所得和违法经营的食品、食品添加剂，并可以没收用于违法经营的工具、设备、原料等物品；违法经营的食品、食品添加剂货值金额不足一万元的，并处五万元以上十万元以下罚款；货值金额一万元以上的，并处货值金额十倍以上二十倍以下罚款；情节严重的，吊销许可证。

除前款和本法第一百二十三条、第一百二十五条规定的情形外，经营不符合法律、法规或者食品安全标准的食品、食品添加剂的，依照前款规定给予处罚。

4. 对有四类违法经营行为的

根据第一百二十五条，违反本法规定，有四类违法经营行为的情形之一的，由县级以上人民政府食品安全监督管理部门没收违法所得和违法经营的食品、食品添加剂，并可以没收用于违法经营的工具、设备、原料等物品；违法经营的食品、食品添加剂货值金额不足一万元的，并处五千元以上五万元以下罚款；货值金额一万元以上的，并处货值金额五倍以上十倍以下罚款；情节严重的，责令停产停业，直至吊销许可证。

经营的食品、食品添加剂的标签、说明书存在瑕疵但不影响食品安全且不会对消费者造成误导的，由县级以上人民政府食品安全监督管理部门责令改正；拒不改正的，处二千元以下罚款。

5. 对有经营过程违法行为的

根据第一百二十六条，违反本法规定，有经营过程违法行为的情形之一的，由县级以上人民政府食品安全监督管理部门责令改正，给予警告；拒不改正的，处五千元以上五万元以下罚款；情节严重的，责令停产停业，直至吊销许可证。

食用农产品销售者违反本法第六十五条规定的，由县级以上人民政府食品安全监督管理部门依照第一款规定给予处罚。

6. 对有集中交易市场的违法行为的

根据第一百三十条，违反本法规定，集中交易市场的开办者、柜台出租者、展销会的举办者允许未依法取得许可的食品经营者进入市场销售食品，或者未履行检查、报告等义务的，由县级以上人民政府食品安全监督管理部门责令改正，没收违法所得，并处五万元以上二十万元以下罚款；造成严重后果的，责令停业，直至吊销许可证。

食用农产品批发市场违反本法第六十四条规定的，依照前款规定承担责任。

7. 对有网络食品交易违法行为的

根据第一百三十一条，违反本法规定，对网络食品交易第三方平台提供者的网络食品交易违法行为，由县级以上人民政府食品安全监督管理部门责令改正，没收违法所得，并处五万元以上二十万元以下罚款；造成严重后果的，责令停业，直至吊销许可证。

8. 对有食品贮存、运输和装卸违法行为的

根据第一百三十二条，违反本法规定，未按要求进行食品贮存、运输和装卸的，由县级以上人民政府食品安全监督管理等部门按照各自职责分工责令改正，给予警告；拒不改正的，责令停产停业，并处一万元以上五万元以下罚款；情节严重的，吊销许可证。

9. 对屡次违法的

根据第一百三十四条，食品经营者在一年内累计三次因违反本法规定受到责令停产停业、吊销许可证以外处罚的，由县级以上人民政府食品安全监督管理部门责令停产停业，直至吊销许可证。

10. 对严重违法者的从业禁止

根据第一百三十五条，被吊销许可证的食品经营者及其法定代表人、直接负责的主管人员和其他直接责任人员，自处罚决定做出之日起五年内不得申请食品生产经营许可，或者从事食品经营管理工作、担任食品经营企业食品安全管理人员。

因食品安全犯罪被判处有期徒刑以上刑罚的，终身不得从事食品经营管理工作，也不得担任食品经营企业食品安全管理人员。

食品经营者聘用人员违反前两款规定的，由县级以上人民政府食品安全监督管理部门吊销许可证。

11. 对食品经营者免予处罚的

根据第一百三十六条，食品经营者履行了本法规定的进货查验等义务，有充分证据证明其不知道所采购的食品不符合食品安全标准，并能如实说明其进货来源的，可以免予处罚，但应当依法没收其不符合食品安全标准的食品。

12. 对市场经营者在明知情形下给未取得食品经营许可权的销售者提供经营场所的

根据第一百二十二条第二款，明知食品经营者违反《食品安全法》规定，未取得食品生产经营许可而从事食品经营活动，仍为其提供经营场所或者其他条件的，由县级以上人民政府食品安全监督管理部门责令停止违法行为，没收违法所得，并处五万元以上十万元以下罚款。

13. 对市场经营者在明知情形下给从事八类最严重违法食品经营的销售者提供经营场所的

根据第一百二十三条第二款，明知其从事第一款规定的八类最严重违法食品生产经营活动，仍为其提供经营场所或者其他条件的，由县级以上人民政府食品安全监督管理部门责令停止违法行为，没收违法所得，并处十万元以上二十万元以下罚款。

14. 对集中交易市场的开办者、柜台出租者、展销会的举办者未尽到形式注意义务的

根据第一百三十条第一款，违反本法规定，集中交易市场的开办者、柜台出租者、展销会的举办者允许未依法取得许可的食品经营者进入市场销售食品，或者未履行检查、报告等义务的，由县级以上人民政府食品安全监督管理部门责令改正，没收违法所得，并处五万元以上二十万元以下罚款；造成严重后果的，责令停业，直至吊销许可证。第二款规定，食用农产品批发市场违反本法第六十四条规定的，依照前款规定承担责任。

15. 对网络食品交易第三方平台提供者未尽到形式注意义务的

根据第一百三十一条第一款，违反本法规定，网络食品交易第三方平台提供者未对入网食品经营者进行实名登记、审查许可证，或者未履行报告、停止提供网络食品交易第三方平台服务等义务的，由县级以上人民政府食品安全监督管理部门责令改正，没收违法所得，并处五万元以上二十万元以下罚款；造成严重后果的，责令停业，直至吊销许可证。

（二）《农产品质量安全法》规定食品经营者的食品安全行政法律制裁

1. 对农产品经营者从事三种严重违法活动的

根据第七十条，违反本法规定，农产品经营者有三种严重违法行为之一、尚不构成犯罪的，由县级以上地方人民政府农业农村主管部门责令停止生产经营、追回已经销售的农产品，对违法经营的农产品进行无害化处理或者予以监督销毁，没收违法所得，并可以没收用于违法经营的工具、设备、原料等物品；违法经营的农产品货值金额不足一万元的，并处十万元以上十五万元以下罚款；货值金额一万元以上的，并处货值金额十五倍以上三十倍以下罚款；对农户，并处一千元以上一万元以下罚款；情节严重的，有许可证的吊销许可证。

2. 对农产品经营者从事三种较为严重违法活动的

根据第七十一条，违反本法规定，农产品经营者从事三种较为严重的违法活动之一、尚不构成犯罪的，由县级以上地方人民政府农业农村主管部门责令停止经营、追回已经销售的农产品，对违法经营的农产品进行无害化处理或者予以监督销毁，没收违法所得，并可以没收用于违法经营的工具、设备、原料等物品；违法经营的农产品货值金额不足一万元的，并处五万元以上十万元以下罚款；货值金额一万元以上的，并处货值金额十倍以上二十倍以下罚款；对农户，并处五百元以上五千元以下罚款。

3. 对农产品经营者从事两种一般违法活动的

根据第七十二条，违反本法规定，农产品经营者有两种一般违法行为之一的，由县级以上地方人民政府农业农村主管部门责令停止经营、追回已经销售的农产品，对违法经营的农产品进行无害化处理或者予以监督销毁，没收违法所得，并可以没收用于违法生产经营的工具、设备、原料等物品；违法经营的农产品货值金额不足一万元的，并处五千元以上五万元以下罚款；货值金额一万元以上的，并处货值金额五倍以上十倍以下罚款；对农户，并处三百元以上三千元以下罚款。

4. 对农产品经营者违反承诺达标合格证规定的

根据第七十三条，违反本法规定，有两种行为之一的，由县级以上地方人民政府农业农村主管部门按照职责给予批评教育，责令限期改正；逾期不改正的，处一百元以上一千元以下罚款。

5. 对农产品经营者违反农产品质量标志规定的

根据第七十四条，农产品经营者冒用农产品质量标志，或者销售冒用农产品质量标志的农产品的，由县级以上地方人民政府农业农村主管部门按照职责责令改正，没收违法所得；违法经营的农产品货值金额不足五千元的，并处五千元以上五万元以下罚款；货值金额五千元以上的，并处货值金额十倍以上二十倍以下罚款。

6. 对市场经营者明知农产品经营者从事严重违反农产品质量安全法的行为，仍为其提供生产经营场所的

根据第七十条第二款规定，明知农产品经营者从事严重违反农产品质量安全法的行为，仍为其提供生产经营场所或者其他条件的，由县级以上地方人民政府农业农村主管部门责令停止违法行为，没收违法所得，并处十万元以上二十万元以下罚款。

二、流通领域食品安全行政法律制裁的特征

（1）与行政法律责任相对应，食品经营者行政制裁可以为事后制裁，也可以为事前制裁。《食品安全法》对违反食品安全责任的行为规定了事前和事后两种行政制裁。先规定"违反本法规定"（多为形式方面的责任，如未按照要求进行食品运输的等）给予一定行政制裁（责令改正，给予警告、罚款、责令停产停业等），紧接着规定"造成严重后果的"给予更为严厉的行政制裁（责令停业、由原发证部门吊销许可证等）。

（2）食品经营者的行政制裁为行政处罚，主要有：①申诫罚，如具体表现为：责令改正，给予警告；②财产罚，如罚款，没收违法所得、违法经营的食品、食品添加剂以及用于违法经营的工具、设备、原料等物品；③行为罚，又称为能力罚，如责令停业，吊销许可证，从业禁止；④人身罚，又称为自由罚，如行政拘留。

第四节　流通领域食品安全法律制裁的困境

一、流通领域食品安全刑事法律制裁的困境

（一）流通领域食品安全刑事法律制裁的客观阻碍

流通领域食品安全刑事法律制裁一般通过媒体曝光、有关人员举报、食品安全监督管理机关发现后移送司法机关，由公安司法机关主动追究。由于刑事法律制裁对食品安全的社会危害性的标准较高，同时有的食品安全刑事犯罪案件有隐蔽性，司法机关发现案源的途径可能受限，加上食品安全刑事案件在司法认定方面存在一定困难，如犯罪分子无正规生产、销售记录，已售食品的数量和金额难以准确认定[①]，对打击食品经营者食品安全犯罪形成了一定程度的阻碍。

（二）流通领域食品安全刑事法律制裁不具有普适性

虽然刑事制裁因其处罚重的特点而对社会公众具有警示和教育作用，但食品安全刑事制裁对流通领域而言不具有"罚众性"和普适性。食品安全问题具有零散性的特征，我国对食品安全问题不断加大刑事制裁力度，处罚更为严格，但是刑事法律制裁的适用面不会太广。

（三）受到食品安全刑事法律制裁的案件只是极少数

受到刑事法律制裁的食品安全案件的数量相对于食品安全问题的数量而言只是极少数，其他"后果或情节不十分严重"的或者潜在的食品安全问题，则无法通过刑事法律制裁来加强食品安全监督管理。刑事法律制裁针对已经发生或发现的社会危害性大的食品安全事件，它们多为"显性"、群体性的食品安全事件。

二、流通领域食品安全民事法律制裁的困境

（一）流通领域食品安全民事法律制裁的局限

1. 流通领域食品安全民事法律制裁的途径

《消费者权益保障法》第三十九条规定，消费者和经营者发生消费者

---

① 上海市食品药品安全研究中心课题组. 中国食品安全与监督管理政策研究报告 [M]. 北京：社会科学文献出版社，2013：29.

权益争议的，可以通过下列途径解决：①与经营者协商和解；②请求消费者协会或者依法成立的其他调解组织调解；③向有关行政部门投诉；④根据与经营者达成的仲裁协议提请仲裁机构仲裁；⑤向人民法院提起诉讼。该条明确规定了消费者权益的救济方式，也是对食品经营者的食品安全法律制裁的途径，其中①②④⑤项是对违法食品经营者的食品安全民事法律制裁途径。

2. 与经营者协商和解、消费者协会应消费者请求进行调解均为诉讼外争议解决方式，不具有法律强制性

消费者相对于食品经营者为弱势一方。实践中，消费者与经营者协商达成和解的概率较小，尤其是要求食品经营者承担"假一罚十"的惩罚性赔偿。食品经营者作为商家，一般不愿意承担惩罚性赔偿，不希望因此影响名誉，担心其他消费者知道后不再购买其提供的食品或其他商品，较难和消费者达成和解。消费者协会为社会性组织，它对消费者和食品经营者之间纠纷的调解不具有法律强制性。消费者协会居中调解，如果纠纷一方不同意或者双方无法达成一致，调解就不能达成。

3. 仲裁机构根据消费者与食品经营者达成的仲裁协议进行仲裁，实践中采用很少

根据《中华人民共和国仲裁法》，仲裁的前提是双方自愿。如果双方没有仲裁协议，一方申请仲裁，仲裁委员会将不予受理。消费者向经营者购买食品时，购物单据或小票为双方达成的买卖合同；而购物单据或小票未订立仲裁协议，纠纷出现后，双方各执一词，消费者和食品经营者一般不会达成仲裁协议。

4. 民事诉讼为食品安全民事纠纷的主要解决途径，但是对同类食品安全纠纷不具有制裁性

消费者发现食品安全违约或侵权行为后提起民事诉讼，为民事争端解决的主要方式。法院审理食品安全纠纷，只能判令食品经营者对提起诉讼的消费者进行赔偿，而不能判令食品经营者停止继续违约或侵权行为（如停止继续销售不安全食品等）。其他消费者对案件并不知情，食品经营者可以或可能继续销售不安全食品。

由于消费者人数众多，追究食品安全民事法律责任的相对较多。且不论食品金额较小导致消费者理赔诉求不积极，就单从食品安全民事法律责

任追究的形式来看，民事权利基于其私权性，只能解决诉求方的权利主张。笔者认为，民事法律责任追究保障的是受侵害消费者的个人利益，不能对食品经营者的不安全食品经营行为形成持续的法律约束，而维护众多消费者合法权益的食品安全公益诉讼案件数量则非常少。

（二）《食品安全法》规定的惩罚性赔偿并没有明显提高消费者维权的积极性，对食品经营者也没有太大的威慑力

食品安全问题制裁的主要难题在于：商家的失信收益高于失信成本，消费者的维权成本高于维权收益。[①] 实践中，消费者较难直观地对食品的品质做出准确判断，较难知晓食品是否安全。食品价格低廉，价款十倍的赔偿金数额不多，消费者主张权利并不积极。更为重要的是一两个消费者索赔价款十倍或损失三倍的赔偿金，对其他消费者不会形成群体效应，对食品经营者也没有产生太大影响。因为消费者日常购买的食品的金额一般较小，惩罚性赔偿制度在一定程度上维护了受侵害消费者的权益，但没有对不安全食品经营者的食品安全管理不力予以足够力度的处罚，《食品安全法》规定的民事法律制裁措施对食品经营者并没有形成太大的威慑力。

三、流通领域食品安全行政法律制裁的困境

（一）流通领域食品经营者的食品安全行政法律制裁不足

对食品经营者的食品安全行政法律制裁主要通过食品安全监督管理机关依职权主动发现或者根据消费者投诉、举报以及媒体曝光查处。其中，最为主要的途径还是行政监督管理机关依职权查处和制裁。《食品安全法》第八十七条规定："县级以上人民政府食品安全监督管理部门应当对食品进行定期或者不定期的抽样检验，并依据有关规定公布检验结果，不得免检。"面对种类繁多、数量浩如烟海的食品，食品安全监督管理机关主要采取抽检的形式履行监督管理职责，然而抽检的形式又使食品经营者受到食品安全行政法律责任制裁存在一定的随机性。因此，社会往往将食品安全问题简单归因于对食品生产经营者的监督管理和对政府相关部门及人员的责任追究不够。[②] 笔者认为，有针对性的行政法律制裁对食品安全而言

---

① 刘俊海. 食品安全监督管理制度的核心是民事责任［N］. 人民法院报，2013-07-01（2）.
② 刘丹松. 当前食品安全监督管理法律实践问题研究与分析［J］. 当代法学，2012（2）：156.

最具有预防性、普适性和保障性，不能全面追究在一定程度上影响了食品经营者的食品安全行政法律制裁。

（二）《食品安全法》中的行政制裁措施与《行政处罚法》中的行政制裁措施不能完全对接

1. 我国《食品安全法》与《行政处罚法》规定的行政处罚措施基本一致

根据《食品安全法》规定，食品经营者（销售者）的行政制裁措施主要有：责令改正，给予警告；责令停止违法行为；没收违法所得和违法生产经营的食品，并可以没收用于违法生产经营的工具、设备、原料等物品；罚款；责令停产停业；由原发证部门吊销许可证；由公安机关对其直接负责的主管人员和其他直接责任人员处五日以上十五日以下拘留；竞业禁止。对市场经营者的食品安全行政法律制裁措施主要有：责令改正，责令停止违法行为，没收违法所得，罚款，责令停业，吊销许可证。对未按要求进行食品贮存、运输和装卸的食品安全行政法律制裁措施主要有：责令改正，给予警告；责令停产停业；罚款；吊销许可证。

《行政处罚法》规定的行政制裁措施也即行政处罚的种类主要有：警告，罚款，没收违法所得、没收非法财物，责令停产停业，暂扣或者吊销许可证、暂扣或者吊销执照，行政拘留，法律、行政法规规定的其他行政处罚。

从以上比较可见，《食品安全法》规定的行政制裁措施与《行政处罚法》规定的行政制裁措施的种类基本一致。

2.《食品安全法》因其自身特点，不能完全照搬《行政处罚法》规定的制裁措施。

《食品安全法》修订后增加了行政拘留，其行政制裁措施涵盖行政处罚法全部制裁种类。对食品经营者如超市、批发市场等而言，食品可能是其众多经营范围中的一部分，如果因食品部门经营问题而责令企业停产停业，似乎对该企业的经营影响太大，食品安全监督管理机关往往只是给予罚款。然而，罚款对食品经营者并没有大的利益损害，影响了制裁效果。

（三）《食品安全法》的食品安全行政法律制裁力度有待加大

1.《食品安全法》对食品安全行政法律制裁重视不足

经济利益、商誉和经营权都是销售者最为重要的利益，行政制裁与流通领域销售者的利益关联至为密切。我国目前主要加强了食品安全的刑事和民事法律制裁，但对食品安全行政法律制裁重视不足。例如，我国《食品安全法》对某些违法行为未做出追究法律责任的规定，如未规定对于发生食品安全事故的单位应做出相应的行政处罚规定等。[①]

2.《食品安全法》对流通领域食品经营者的食品安全行政法律制裁力度不足

《食品安全法》主要是行政法。[②] 根据统计数据，2022 年，国家市场监督管理总局部署开展了 2022 年民生领域案件查办"铁拳"行动，推进日常监督管理与执法办案衔接，查处民生领域违法案件 20.6 万件，移送公安机关 3 554 件，严厉打击侵害消费者权益性质恶劣的违法行为。国家市场监督管理总局和省级市场监督管理部门全年向社会曝光案件 310 批 2 277 件。[③] 可见，在全国范围内流通领域的食品安全案件数量并不算多，对销售者的行政法律制裁还不足，也未体现出对销售者的事前行政法律制裁。

四、流通领域多种食品安全法律制裁的衔接和联合困境

（一）流通领域对食品安全违法主体实施法律制裁的利弊

1. 食品安全刑事法律制裁的优缺点

食品安全刑事法律制裁的优点在于对食品安全违法行为的打击和制裁力度最大，通过限制犯罪分子人身的自由刑和处以罚金、没收财产的经济刑，在制裁食品安全犯罪的同时，也达到了威慑、警示和教育广大公众的预防犯罪的效果。

食品安全刑事法律制裁的缺点在于标准高，这必然导致食品安全刑事法律制裁对象非常有限，这也是由刑事制裁自身特点所决定的。食品安全刑事法律制裁的前提是食品安全违法行为达到食品安全刑事犯罪的犯罪构成。例如，在客观上，《刑法》第一百四十三条生产、销售不符合安全标准的食品罪要求"足以造成严重食物中毒事故或者其他严重食源性疾病的"，才能达到最低刑，相对于大量的食品安全问题如食品不安全导致身

---

① 朱京安，王鸣华. 中国食品安全法律体系研究：以欧盟食品安全法为鉴 [J]. 法学杂志，2011（10）：217.

② 王贵松. 日本食品安全法研究 [M]. 北京：中国民主制出版社，2009：23.

③ 2023 年 5 月 16 日中国消费者协会发布的《中国消费者权益保护状况年度报告（2022）》。

体的潜在伤害或者拉肚子等轻微的健康伤害，犯罪的起刑点较高；虽然第二档法定刑加重处罚增加了"有其他严重情节的"，但是"严重"的要求将绝大多数食品安全问题隔离在了刑事法律制裁的范围之外。同理，作为共犯的食品市场经营者，也需要食品销售者构成犯罪后才能成为共犯。因此，即使食品安全刑事法律制裁不断提高制裁力度，加大自由刑和经济刑，食品安全刑事案件也不会大量出现，刑事法律制裁范围比较有限。

2. 食品安全民事法律制裁的优缺点

食品安全民事法律制裁的优点在于依据法律要求食品安全民事违法主体承担赔偿责任，并根据惩罚性赔偿制度要求其进行惩罚性赔偿，通过付出经济代价来影响食品经营者的经济利益。

食品安全民事法律制裁的缺点表现为：第一，因食品安全民事法律制裁要求有损害事实，而该损害事实比较难证明。食品安全民事法律制裁的前提是"消费者在购买、使用商品时，其合法权益受到损害的"，而食用食品后消费者实际受到的健康损害很难证明，健康损害有显性和隐性两类，大多数损害无法证明是食用这种食品后导致的，有的损害只是身体在短时间内有反应，随后身体会自愈。实践中主要从食品的标识等方面证明食品不符合食品安全标准，或从欺诈等方面寻求对食品经营者的民事法律制裁。第二，绝大多数食品的金额较低，食品安全民事法律制裁对食品经营者的制裁力度较弱。即使是消费者向食品经营者主张惩罚性赔偿，但日常消费所购买的食品金额多在百元以内，食品经营者即使支付价款十倍或损失三倍的赔偿金，数额也并不大；除非消费者食用食品后出现比较严重的后果，比如中毒、严重疾病，需要较高的医疗费，而这也需要证明。第三，食品安全民事法律制裁对食品市场经营者没有太大威慑力。因为危害行为和危害后果在法律上要求存在直接因果关系，所以受到民事法律对食品市场经营者的制裁最终会转移给食品经营者。

3. 食品安全行政法律制裁的优缺点

食品安全行政法律制裁的优点在于通过市场监督管理部门对食品安全违法行为实施行政处罚，对违法的食品经营者、食品市场经营者等给予食品安全行政法律制裁，影响食品经营者和食品市场经营者的经营利益。

食品安全行政法律制裁的缺点在于其大多数为较轻的处罚，很难触及食品经营者较大的经营利益。一般的食品安全违法行为的行政法律处罚为：责令改正，给予警告；责令停止违法行为；没收违法所得和违法生产经营的食品，并可以没收用于违法生产经营的工具、设备、原料等物品。这些对食品经营者影响不大。罚款按货值金额的倍数计算，而违法食品的货值金额较难掌握。比如食品生产加工小作坊和食品摊贩没有完备的进货记录；而对于食品经营企业，也很难证明其已经销售的食品是否都违反《食品安全法》，只能根据仓库或柜台的存货进行检测判断。因此，一般情形罚款金额较少。吊销许可证、责令停产停业，都需要符合"情节严重"的条件，才能影响食品经营者的经营利益。

（二）流通领域多种法律制裁需要衔接与联合制裁

《食品安全法》颁布早期，我国通过食品安全刑事、民事、行政三种法律制裁对食品安全违法行为进行综合治理，之后又修订《食品安全法》，制定刑事、民事司法解释，发布行政法规等，这体现出国家治理食品安全问题的决心。2015 年 12 月 22 日，国家食品药品监督管理总局、公安部、最高人民法院、最高人民检察院、国务院食品安全办联合发布了《食品药品行政执法与刑事司法衔接工作办法》，规定了食品安全行政制裁与食品安全刑事制裁的衔接和联合制裁，这在很大程度上弥补了多种法律制裁之间缺乏衔接的漏洞，加强了打击食品安全违法行为的效力。然而，除这两种法律制裁衔接之外，还有其他法律制裁需要彼此衔接和联合制裁。

1. 食品安全民事法律制裁与食品安全行政法律制裁需要衔接与联合

消费者购买和食用不安全食品，其合法权益受到损害，比较容易寻求民事法律救济，法院经审理，对食品经营者或市场经营者施以食品安全民事法律制裁，同时维护消费者的民事权益。但民事诉讼实行"不告不理"，而且每个案件都是独立主体，案件之间没有相互联系，案件的判决结果只适用于案件原被告双方，对案外人没有法律效力。同时，民事法律制裁独立于行政法律制裁，法院与市场监督管理部门之间没有隶属关系，也没有工作关系。若消费者不向市场监督管理部门投诉或举报，市场监督管理部门除例行检查发现以外，无法知道食品经营者和市场经营者的食品安全违法行为。食品安全民事法律制裁与食品安全行政法律制裁需要衔接和联合。

2. 食品安全民事法律制裁与食品安全刑事法律制裁需要衔接与联合

消费者向法院提起诉讼，寻求对侵害其食品安全合法权益的食品经营者或市场经营者的食品安全民事法律制裁，能因此获得相应的补偿或赔偿。食品安全民事法律制裁属于私法，原告与被告之间是平等的民事法律关系。而食品安全刑事法律制裁属于公法，由国家司法机关对实施危害食品安全犯罪的行为人追究刑事法律责任，而作为被害人的消费者不是案件的主要当事人。食品安全民事法律制裁与食品安全刑事法律制裁相互独立、互不影响。若多名消费者提起民事诉讼，消费者被侵害的金额累加起来可能完全达到了刑事量刑标准，然而，由于全国法院的民事审判庭各自独立，无法也没有法律规定要去计量总和数量，也没有相关机关统计后要移交刑事司法程序的规定，因此食品安全民事法律制裁与食品安全刑事法律制裁需要衔接和联合。

3. 对食品经营者的法律制裁与对生产者的法律制裁需要衔接与联合

消费者从食品经营者手里购买食品，食品经营者离消费者最近。出现食品安全问题以后，消费者首先想到的是去市场监督管理部门投诉食品经营者或者去人民法院起诉食品经营者。根据首任负责制，市场监督管理部门对食品经营者实施行政法律制裁，并对赔偿部分进行行政调解，或者人民法院对食品经营者实施民事法律制裁。消费者对这两种方式一般会采取二选一：如果行政法律制裁解决了食品安全纠纷，消费者不会再寻求民事法律制裁；如果消费者通过民事法律制裁解决了争端，也不会再寻求食品安全行政法律制裁。市场监督管理部门与人民法院民事审判庭之间没有合作，人民法院对食品经营者施以民事法律制裁，市场监督管理部门不知道，也不会相应给予食品经营者行政法律制裁。

食品经营者受到行政处罚或承担民事赔偿责任以后，属于生产者责任的，食品经营者会转而起诉生产者，寻求由生产者承担最终的民事赔偿。而行政处罚由本地县级以上市场监督管理部门实施，受管辖范围限制，对地处外地的生产者无法实施行政处罚；如果没有构成食品安全犯罪，作为食品安全责任人的生产者不会受到行政处罚。同理，如果所在地市场监督管理部门先查处生产者，无法查处其他地方的食品经营者，食品安全问题则可能在外地发生。可见，对食品经营者的法律制裁与对生产者的法律制裁需要衔接与联合。

　　如果当地市场监督管理部门对食品经营者实施行政制裁后，通知所在地市场监督管理部门查处生产者，就可以在处罚经营掺假掺杂的食品销售者的同时处罚生产掺假掺杂食品的生产者，从而从源头上杜绝食品安全问题的再次发生。如果所在地的市场监督管理部门对食品生产者实施行政制裁后，通知各地市场监督管理部门根据法律规定查处食品经营者，也可以预防食品安全问题的发生。

第六章　中国流通领域食品安全
　　　　监督管理的法律规制研究

第一节　食品安全监督管理概述

一、食品安全监督管理的概念

食品安全与监督管理相关联，要预防食品安全问题，就应加强监督管理。广义的监督管理是社会公共机构或私人以形成和维护市场秩序为目的，基于法律或社会规范对经济活动进行干预和控制的活动。狭义的监督管理是政府以矫正和改善市场机制内在问题为目的，基于法律法规对经济活动进行干预和控制的活动。① 一直以来，我国的食品卫生监督管理或食品安全监督管理被定位于狭义层面，具有很强的行政色彩，仅为行政机关对生产者、食品经营者、市场经营者等的监督和管理。

食品安全监督管理是当食品市场本身无法提供安全保障或者食品市场的安全保障失灵时，政府通过对市场的适度干预预防食品安全风险，矫正食品安全的市场失灵，以外部的力量维护食品安全和维护食品消费者的合法权益。② 食品安全监督管理是指由国家或地方政府机构实施的强制性管理活动，旨在为消费者提供保护，确保从生产、处理、贮存、加工直到销

---

① 刘录民. 我国食品安全监督管理体系研究 [M]. 北京：中国质检出版社，中国标准出版社，2013：28.
② 赵学刚. 食品安全监督管理研究：国际比较与国内路径选择 [M]. 北京：人民出版社，2014：13.

售的过程中食品安全、完整，并适用于人类食用，同时按照法律规定诚实而准确地贴上标签。① 食品安全监督管理贯穿食品"从生产到销售到消费者食用"的全过程，为消费者的食品安全保驾护航。

二、中国食品安全监督管理制度的历史演进

（一）第一阶段：以食品卫生监督为主、辅以食品安全监督管理阶段（1979—2008 年）

1. 1979 年 8 月 28 日国务院颁布并实施《中华人民共和国食品卫生管理条例》（简称《食品卫生管理条例》），标志着政府依法监督管理食品卫生，食品安全监督管理也同时起步

（1）监督管理职能和机构

国家对食品卫生实行监督管理。食品卫生监督管理部门为各级卫生部门，国务院设立卫生部，国家商品检验局负责出口食品的监督管理。

（2）监督管理范围

一切全民所有制和集体所有制单位（包括集体食堂）所生产、经营的以及经工商行政管理部门准许上市的食品、食品原料、食品添加剂和食品包装材料，在生产、加工、收购、贮存、运输、销售过程中的卫生状况。

（3）监督管理工作

食品生产、经营主管部门都要建立健全食品卫生管理和检验机构，负责对本系统所属单位的食品卫生进行检验和监督。各级卫生部门要加强对食品卫生工作的领导，要充实加强食品卫生检验监督机构，负责对本行政区内食品卫生进行监督管理、抽查检验和技术指导，贯彻和监督执行卫生法令。各级卫生部门可聘任兼职的食品卫生监督员，受同级人民政府委派，具体执行监督任务。对食品卫生进行抽查检验的规定，表明食品卫生监督管理已经上升到食品安全监督管理的要求。

（4）进出口食品卫生管理

国家商品检验局根据国家食品卫生标准、卫生要求以及贸易合同，对出口食品和食品原料进行检验和管理，对出口食品的生产、经营进行监督。出口食品转内销，必须符合国家食品卫生标准和卫生要求，由当地卫生部门负责检查和审定。

---

① 张敬礼. 中国食品药品监督理论与法制实践 [M]. 北京：中国法制出版社，2009：310.

2. 1983 年 7 月 1 日起施行《中华人民共和国食品卫生法（试行）》，标志着食品卫生监督管理和食品安全监督管理开始上升为法律规范

（1）监督管理职能和机构

国家实行食品卫生监督管理制度。各级卫生行政部门领导食品卫生监督管理工作。

（2）监督管理范围

卫生行政部门所属县级以上卫生防疫站或者食品卫生监督检验所为食品卫生监督管理部门，负责管辖范围内的食品卫生监督管理工作。铁道、交通、厂（场）矿卫生防疫站在管辖范围内执行食品卫生监督管理部门的职责，接受地方食品卫生监督管理部门的业务指导。

（3）监督管理工作

食品卫生监督机构负责设置食品卫生监督员。食品生产经营企业的主管部门负责本系统的食品卫生工作，并对执行本法情况进行检查。食品卫生监督管理部门的职责是：①进行食品卫生监测、检验和技术指导；②协助培训食品生产经营人员，监督食品生产经营人员进行健康检查；③宣传食品卫生、营养知识，进行食品卫生评价，公布食品卫生情况；④对食品生产经营企业的新建、扩建、改建工程的选址和设计进行卫生审查，并参加工程验收；⑤对食物中毒和食品污染事故进行调查，并采取控制措施；⑥进行现场检查和巡回监督，及时处理发现的问题；⑦对违反本法的行为追查责任，依法进行行政处罚；⑧负责其他食品卫生监督事项。食品卫生监督员在执行任务时，可以向食品生产经营者了解情况，索取必要的资料，进入生产经营场所检查，按照规定无偿采样。出口食品由国家商品检验局进行卫生监督、检验。发生食物中毒的单位和接收病人进行治疗的单位，除采取抢救措施外，应当根据国家现有规定，及时向所在地食品卫生监督机构报告。

以上对食品卫生进行监测、检验，对食物中毒和食品污染事故进行调查，进入生产经营场所检查和采样的规定，表明食品安全监督管理工作的重要性在增加。

3. 1995 年 10 月 30 日通过并实施《食品卫生法》，标志着食品卫生监督管理和食品安全监督管理正式以法律形式予以规范

（1）监督管理职能和机构

国家实行食品卫生监督制度。国务院卫生行政部门主管全国食品卫生

监督管理工作。国务院有关部门在各自的职责范围内负责食品卫生监督管理工作。食品卫生监督管理部门为从国务院到地方设立的卫生行政部门。

（2）监督管理范围

县级以上地方人民政府卫生行政部门在管辖范围内行使食品卫生监督管理职责。铁道、交通行政主管部门设立的食品卫生监督管理部门，行使国务院卫生行政部门会同国务院有关部门规定的食品卫生监督管理职责。

（3）监督管理工作

食品卫生监督管理职责是：①进行食品卫生监测、检验和技术指导；②协助培训食品生产经营人员，监督食品生产经营人员进行健康检查；③宣传食品卫生、营养知识，进行食品卫生评价，公布食品卫生情况；④对食品生产经营企业的新建、扩建、改建工程的选址和设计进行卫生审查，并参加工程验收；⑤对食物中毒和食品污染事故进行调查，并采取控制措施；⑥对违反本法的行为进行巡回监督检查；⑦对违反本法的行为追查责任，依法进行行政处罚；⑧负责其他食品卫生监督管理事项。县级以上人民政府卫生行政部门设立食品卫生监督员。食品卫生监督员执行卫生行政部门交付的任务。食品卫生监督员在执行任务时，可以向食品生产经营者了解情况，索取必要的资料，进入生产经营场所检查，按照规定无偿采样。已造成食物中毒事故或者有证据证明可能导致食物中毒事故的，县级以上地方人民政府卫生行政部门可以对该食品生产经营者采取下列临时控制措施：①封存造成食物中毒或者可能导致食物中毒的食品及其原料；②封存被污染的食品用工具及用具，并责令进行清洗消毒。经检验，属于被污染的食品，予以销毁；未被污染的食品，予以解封。发生食物中毒的单位和接收病人进行治疗的单位，除采取抢救措施外，应当根据国家有关规定，及时向所在地卫生行政部门报告。县级以上地方人民政府卫生行政部门接到报告后，应当及时进行调查处理，并采取控制措施。

以上在食品卫生进行监测、检验，对食物中毒和食品污染事故进行调查，进入生产经营场所检查和采样的规定的基础上，增加了监督管理部门对已造成食物中毒事故或者有证据证明可能导致食物中毒事故应采取临时控制措施的规定，以及发生食物中毒的单位和接收病人进行治疗的单位应报告的规定等，体现了食品安全监督管理的重要性。

（二）第二阶段：《食品安全法》颁布后的实施阶段（2009 年至今）

1. 2009 年 6 月 1 日《食品安全法》颁布实施，食品卫生监督管理退出历史舞台，更为严格的食品安全监督管理的法制时代到来

（1）监督管理职能和机构

国务院设立食品安全委员会，其工作职责由国务院规定。国务院卫生行政部门承担食品安全综合协调职责，负责食品安全风险评估、食品安全标准制定、食品安全信息公布、食品检验机构的资质认定条件和检验规范的制定，组织查处食品安全重大事故。国务院质量监督、工商行政管理和食品药品监督管理部门依照本法和国务院规定的职责，分别对食品生产、食品流通、餐饮服务活动实施监督管理。县级以上卫生行政、农业行政、质量监督、工商行政管理、食品药品监督管理部门应当加强沟通、密切配合，按照各自职责分工，依法行使职权、承担责任。

（2）监督管理范围

县级以上地方人民政府统一负责、领导、组织、协调本行政区域的食品安全监督管理工作，建立健全食品安全全程监督管理的工作机制；统一领导、指挥食品安全突发事件应对工作；完善、落实食品安全监督管理责任制。县级以上地方人民政府依照本法和国务院的规定确定本级卫生行政、农业行政、质量监督、工商行政管理、食品药品监督管理部门的食品安全监督管理职责。有关部门在各自职责范围内负责本行政区域的食品安全监督管理工作。上级人民政府所属部门在下级行政区域设置的机构应当在所在地人民政府的统一组织、协调下，依法做好食品安全监督管理工作。

（3）监督管理工作

县级以上质量监督、工商行政管理、食品药品监督管理部门履行各自食品安全监督管理职责，有权采取下列措施：①进入生产经营场所实施现场检查；②对生产经营的食品进行抽样检验；③查阅、复制有关合同、票据、账簿以及其他有关资料；④查封、扣押有证据证明不符合食品安全标准的食品，违法使用的食品原料、食品添加剂、食品相关产品，以及用于违法生产经营或者被污染的工具、设备；⑤查封违法从事食品生产经营活动的场所。县级以上农业行政部门应当依照《农产品质量安全法》规定的职责，对食用农产品进行监督管理。

县级以上质量监督、工商行政管理、食品药品监督管理部门对食品生产经营者进行监督检查，应当记录监督检查的情况和处理结果。县级以上质量监督、工商行政管理、食品药品监督管理部门应当建立食品生产经营者食品安全信用档案，记录许可颁发、日常监督检查、违法行为查处等情况；根据食品安全信用档案的记录，对有不良信用记录的食品生产经营者增加监督检查频次。

县级以上卫生行政、质量监督、工商行政管理、食品药品监督管理部门接到咨询、投诉、举报，对属于本部门职责的，应当受理，并及时进行答复、核实、处理；对不属于本部门职责的，应当书面通知并移交有权处理的部门处理。有权处理的部门应当及时处理，不得推诿；属于食品安全事故的，依照本法第七章有关规定进行处置。

县级以上卫生行政、质量监督、工商行政管理、食品药品监督管理部门应当按照法定权限和程序履行食品安全监督管理职责；对生产经营者的同一违法行为，不得给予二次以上罚款的行政处罚；涉嫌犯罪的，应当依法移送公安机关。

国家建立食品安全信息统一公布制度。县级以上农业行政、质量监督、工商行政管理、食品药品监督管理部门依据各自职责公布食品安全日常监督管理信息。县级以上卫生行政、农业行政、质量监督、工商行政管理、食品药品监督管理部门应当相互通报获知的食品安全信息。

2.《食品安全法》的修订

（1）监督管理职能和机构

食品安全工作应建立科学、严格的监督管理制度。国务院设立食品安全委员会，其职责由国务院规定。国务院食品药品监督管理部门依照本法和国务院规定的职责，对食品生产经营活动实施监督管理。县级以上地方人民政府依照本法和国务院的规定，确定本级食品药品监督管理、卫生行政部门和其他有关部门的职责。有关部门在各自职责范围内负责本行政区域的食品安全监督管理工作。县级人民政府食品药品监督管理部门可以在乡镇或者特定区域设立派出机构。

（2）监督管理范围

县级以上地方人民政府对本行政区域的食品安全监督管理工作负责，统一领导、组织、协调本行政区域的食品安全监督管理工作以及食品安全突发事件应对工作，建立健全食品安全全程监督管理工作机制和信息共享机制。

（3）监督管理工作

县级以上人民政府食品药品监督管理、质量监督部门根据食品安全风险监测、风险评估结果和食品安全状况等，确定监督管理的重点、方式和频次，实施风险分级管理。

县级以上人民政府食品药品监督管理、质量监督部门履行各自食品安全监督管理职责，有权采取下列措施，对生产经营者遵守本法的情况进行监督检查：①进入生产经营场所实施现场检查；②对生产经营的食品、食品添加剂、食品相关产品进行抽样检验；③查阅、复制有关合同、票据、账簿以及其他有关资料；④查封、扣押有证据证明不符合食品安全标准或者有证据证明存在安全隐患以及用于违法生产经营的食品、食品添加剂、食品相关产品；⑤查封违法从事生产经营活动的场所。

县级以上人民政府食品药品监督管理部门在食品安全监督管理工作中可以采用国家规定的快速检测方法对食品进行抽查检测，对抽查检测结果表明可能不符合食品安全标准的食品，应当依照本法第八十七条的规定进行检验。抽查检测结果确定有关食品不符合食品安全标准的，可以作为行政处罚的依据。

县级以上人民政府食品药品监督管理部门应当建立食品生产经营者食品安全信用档案，记录许可颁发、日常监督检查、违法行为查处等情况，依法向社会公布并实时更新；对有不良信用记录的食品生产经营者增加监督检查频次，对违法行为情节严重的食品生产经营者，可以通报投资主管部门、证券监督管理部门和有关的金融机构。

食品生产经营过程中存在食品安全隐患、未及时采取措施消除的，县级以上人民政府食品药品监督管理部门可以对食品生产经营者的法定代表人或者主要负责人进行责任约谈。食品生产经营者应当立即采取措施，进行整改，消除隐患。责任约谈情况和整改情况应当纳入食品生产经营者食品安全信用档案。

县级以上人民政府食品药品监督管理、质量监督等部门应当公布本部门的电子邮件地址或者电话，接受咨询、投诉、举报。接到咨询、投诉、举报时，对属于本部门职责的，应当受理并在法定期限内及时答复、核实、处理；对不属于本部门职责的，应当移交有权处理的部门并书面通知咨询、投诉、举报人。有权处理的部门应当在法定期限内及时处理，不得推诿。对查证属实的举报，给予举报人奖励。

有关部门应当对举报人的信息予以保密，保护举报人的合法权益。举报人举报所在企业的，该企业不得以解除、变更劳动合同或者其他方式对举报人进行打击报复。

县级以上人民政府食品药品监督管理、质量监督、农业行政部门依据各自职责公布食品安全日常监督管理信息。县级以上人民政府食品药品监督管理、卫生行政、质量监督、农业行政部门应当相互通报获知的食品安全信息。

县级以上人民政府食品药品监督管理、质量监督等部门发现涉嫌食品安全犯罪的，应当按照有关规定及时将案件移送公安机关。对移送的案件，公安机关应当及时审查；认为有犯罪事实需要追究刑事责任的，应当立案侦查。

公安机关在食品安全犯罪案件侦查过程中认为没有犯罪事实，或者犯罪事实显著轻微，不需要追究刑事责任，但依法应当追究行政责任的，应当及时将案件移送食品药品监督管理、质量监督等部门和监察机关，有关部门应当依法处理。

3.《食品安全法》的第一次修正

此次修正只涉及监督管理职能和机构，将"食品药品监督管理""质量监督"修改为"食品安全监督管理"，将"食品药品监督管理、质量监督部门"修改为"食品安全监督管理部门"，规定食品安全监督管理部门履行食品安全监督管理职责。

三、中国食品安全监督管理体制的历史变迁

（一）分散式监督管理到集中式监督管理的食品卫生监督管理体制变化（1949—1997年）

1. 食品卫生分散式监督管理体制（1949—1978年）

国家在国务院设卫生部（1949年10月到1954年9月称为中央人民政府卫生部，1954年9月以后称为中华人民共和国卫生部），各级卫生部门负责食品卫生的监督管理。基层设置卫生防疫站，负责食品卫生工作的具

体执行。卫生防疫站分设防疫、卫生、化验、总务四个科室，其中卫生科专门负责食品卫生工作。

卫生部门并非专属管理食品卫生工作，其他与食品生产和流通等相关部门都有食品卫生监督管理职责，省、自治区、直辖市及卫生、商业、工商行政管理、供销合作、农业、林业、畜牧、水产、粮食、轻工、外贸，包括铁道、交通等部门都对食品卫生负有监督管理责任。在该阶段食品卫生监督管理呈现多部门共管的分散状态。

2. 食品卫生集中式为主的监督管理体制（1979—1997 年）

1979 年颁布的《食品卫生管理条例》规定国务院设立卫生部，食品卫生监督管理部门为各级卫生部门，国家商品检验局负责出口食品的监督管理；各级卫生部门要加强对食品卫生工作的领导，要充实加强食品卫生检验监督管理部门，负责对本行政区内食品卫生进行监督管理。

1983 年施行的《中华人民共和国食品卫生法（试行）》规定各级卫生行政部门领导食品卫生监督管理工作，铁道、交通、厂（场）矿卫生防疫站在管辖范围内执行食品卫生监督管理部门的职责，接受地方食品卫生监督管理部门的业务指导。

1995 年 10 月 30 日通过并实施的《食品卫生法》规定国务院卫生行政部门主管全国食品卫生监督管理工作。铁道、交通行政主管部门设立的食品卫生监督管理部门，行使国务院卫生行政部门和国务院有关部门规定的食品卫生监督管理职责。

改革开放后，随着食品卫生监督管理进入法治轨道，国家通过立法方式明确规定了食品卫生监督管理部门，全国的食品卫生监督管理工作统一由国务院下设的卫生部主管，其他如出口食品的卫生监督管理，铁道、交通、厂（场）矿的卫生监督管理等由相应的行政主管部门设立的食品卫生监督管理部门予以辅助。在该阶段，食品卫生监督管理逐渐从分散管理走向集中统一管理为主、其他少量机构管理为辅的监督管理体制。

（二）食品安全分段监督管理体制的形成（1998—2017 年）

1. 国务院机构调整后初步形成食品安全分段监督管理

20 世纪末，国务院开始进行机构调整，食品卫生监督管理逐渐向食品安全监督管理转变。1998 年，国家进出口商品检验局、农业部进出口动植物检疫局、卫生部进出境卫生检疫局合并成立国家出入境检验检疫局，管理进出口食品安全工作。2001 年，国家出入境检验检疫局与国家质量技术监督局合并成立国家质量技术监督检验检疫总局，主管食品卫生标准等的制定工作。农业部负责初级农产品的质量监督管理工作。工商部门（2001年国家工商行政管理局改为国家工商行政管理总局）负责流通领域商品质量监督管理。依据《农业法》《产品质量法》《标准化法》《消费者权益保护法》《食品卫生法》《生猪屠宰条例》，形成了由质量监督、农业监督管理、工商管理、卫生监督管理、药品监督管理部门负责，经贸部门、环保部门、公安部门等辅助组成的食品安全分阶段或分环节监督管理的机制。[①]

2. 国务院正式确立分段监督管理为主、品种监督管理为辅的食品安全监督管理体制

为加强各部门之间的协调，2003 年通过的《国务院机构改革方案》指出继续推进流通管理体制改革，组建商务部；为加强食品安全监督管理和安全生产监督管理体制建设，在国家药品监督管理局基础上组建国家食品药品监督管理局。

2004 年 9 月 1 日，国务院发布《关于进一步加强食品安全工作的决定》，明确规定按照一个监督管理环节由一个部门监督管理的原则，采取分段监督管理为主、品种监督管理为辅的方式，进一步理顺食品安全监督管理职能，明确责任。农业部门负责初级农产品生产环节的监督管理；质检部门负责食品生产加工环节的监督管理，将由卫生部门承担的食品生产加工环节的卫生监督管理职责划归质检部门；工商部门负责食品流通环节的监督管理；卫生部门负责餐饮业和食堂等消费环节的监督管理；食品药品监督管理部门负责对食品安全的综合监督管理、组织协调和依法组织查处重大事故。保留国务院食品安全委员会，具体工作由国家食品药品监督管理总局承担。新组建的国家卫生和计划生育委员会负责食品安全风险评估和食品安全标准制定。农业部负责农产品质量安全监督管理。将商务部的生猪定点屠宰监督管理职责划入农业部。

2008 年通过的《国务院机构改革方案》，将国家食品药品监督管理局改由卫生部管理，明确卫生部承担食品安全综合协调、组织查处食品安全重大事故的责任。2009 年的《食品安全法》第五条规定的食品安全监督管

---

① 孙宝国，周应恒. 中国食品安全监督管理策略研究［M］. 北京：科学出版社，2013：324-327.

理体制为：国务院设立食品安全委员会，其工作职责由国务院规定。国务院卫生行政部门承担食品安全综合协调职责，负责食品安全风险评估、食品安全标准制定、食品安全信息公布、食品检验机构的资质认定条件和检验规范的制定，组织查处食品安全重大事故。国务院质量监督、工商行政管理和食品药品监督管理部门依照本法和国务院规定的职责，分别对食品生产、食品流通、餐饮服务活动实施监督管理。

2013 年 3 月 14 日国务院发布的《国务院机构改革和职能转变方案》指出，为加强食品药品监督管理，提高食品药品安全质量水平，将国务院食品安全委员会办公室的职责、国家食品药品监督管理局的职责、国家质量监督检验检疫总局在生产环节的食品安全监督管理职责、国家工商行政管理总局在流通环节的食品安全监督管理职责整合，组建国家食品药品监督管理总局。其主要职责是对生产、流通、消费环节的食品安全和药品的安全性、有效性实施统一监督管理等。将工商行政管理、质量技术监督部门相应的食品安全监督管理队伍和检验检测机构划转给食品药品监督管理部门。2015 年修订后的《食品安全法》第五条规定了食品安全监督管理体制：国务院设立食品安全委员会，其职责由国务院规定。国务院食品药品监督管理部门依照本法和国务院规定的职责，对食品生产经营活动实施监督管理。国务院卫生行政部门依照本法和国务院规定的职责，组织开展食品安全风险监测和风险评估，会同国务院食品药品监督管理部门制定并公布食品安全国家标准。国务院其他有关部门依照本法和国务院规定的职责，承担有关食品安全工作。

（三）集中式监督管理体制（2018 年至今）

2018 年 3 月，第十三届全国人民代表大会第一次会议批准的《国务院机构改革方案》明确组建国家市场监督管理总局。将国家工商行政管理总局的职责，国家质量监督检验检疫总局的职责，国家食品药品监督管理总局的职责，国家发展和改革委员会的价格监督检查与反垄断执法职责，商务部的反垄断执法以及国务院反垄断委员会办公室等职责整合，组建国家市场监督管理总局，作为国务院直属机构。同时，组建国家药品监督管理局，由国家市场监督管理总局管理。将国家质量监督检验检疫总局的出入境检验检疫管理职责和队伍划入海关总署。保留国务院食品安全委员会、国务院反垄断委员会，具体工作由国家市场监督管理总局承担。不再保留国家工商行政管理总局、国家质量监督检验检疫总局、国家食品药品监督管理总局。这次机构改革将过去各机关分段管理改为国家市场监督管理总局集中统一管理，很好地克服了分段式监督管理的不足，提高了食品安全监督管理的实效。

2018年修正后的《食品安全法》第五条规定的食品安全监督管理体制为：国务院设立食品安全委员会，其职责由国务院规定。国务院食品安全监督管理部门依照本法和国务院规定的职责，对食品生产经营活动实施监督管理。国务院卫生行政部门依照本法和国务院规定的职责，组织开展食品安全风险监测和风险评估，会同国务院食品安全监督管理部门制定并公布食品安全国家标准。国务院其他有关部门依照本法和国务院规定的职责，承担有关食品安全工作。

第二节　中国流通领域食品安全监督管理的现状

一、流通领域食品安全监督管理主体

流通领域食品安全的监督管理是对流通领域食品安全进行监督和管理。有实行监督和管理的一方，就有被监督和被管理的一方，我国流通领域食品安全的监督管理主体为监督管理者与被监督管理者。

（一）狭义的流通领域食品安全监督管理主体

狭义层面上，流通领域食品安全监督管理为政府行使流通领域食品安全行政监督管理职权，我国从《食品卫生法》实施以来就确立了政府对食品流通领域进行监督管理的职责和权力，监督管理者为国家食品安全监督管理机关。随着我国食品安全监督管理体制的变迁，流通领域食品安全监督管理机关也发生了多次变化，从卫生行政部门到涉及多个行政部门，包括食品药品监督管理部门、质量监督部门、农业部门等，再到由市场监督管理部门统一进行流通领域食品安全监督管理。

从行政监督管理而言，流通领域中从事食品流通相关工作的主体为被监督管理者。被监督管理者主要为食品经营者，食品市场经营者，负责食品运输、贮存、保管、装卸等相关经营者。食品经营者、食品市场经营者

主要包括批发市场、农贸市场、商场、超市、便利店、展销会、摊贩、小作坊、小食品店等实体，以及伴随网络经济而生的网店、网上超市等虚拟经济体。

（二）广义的流通领域食品安全监督管理主体

广义层面上，流通领域食品安全监督管理主体的范围更广，可以为社会公共机构、私人或者企业，对流通领域食品安全监督管理主体不应仅局限在国家食品安全监督管理部门。食品的数量较大，而国家食品安全监督管理部门的监督管理较为有限，增加食品安全监督管理的主体势在必行。

1. 食品经营者对食品安全的自我监督管理

公众普遍认为，食品安全监督管理只是国家行政机关的职责，经营者只需要做到自律，消费者也只能在自身权益受到侵犯时通过维权的方式对食品安全起到一点监督作用。其实不然，根据《食品安全法》第四十七条，食品经营者应当建立食品安全自查制度，定期对食品安全状况进行检查评价。经营条件发生变化，不再符合食品安全要求的，食品经营者应当立即采取整改措施；有发生食品安全事故潜在风险的，应当立即停止食品经营活动，并向所在地县级人民政府食品安全监督管理部门报告。该规定表明食品经营者也负有食品安全自我监督管理的责任。

《食品安全法》第四十四条规定，食品生产经营企业应当配备食品安全管理人员，对其加强培训和考核。该条规定通过食品经营企业配备食品安全管理人员来加强企业对自身食品安全的监督管理，不属于行政监督管理。

2. 食品市场经营者对食品安全的监督管理

《食品安全法》《农产品质量安全法》《消费者权益保障法》对集中交易市场的开办者、柜台出租者、展销会的举办者规定了注意义务：不得允许未依法取得许可的食品经营者进入市场销售食品，应履行检查、报告等义务；对网络食品交易第三方平台提供者规定了对入网食品经营者进行实名登记、审查许可证，或者履行报告、停止提供网络食品交易第三方平台服务等义务。食品市场经营者对食品销售者有监督管理的责任，间接规定了食品市场经营者对食品安全的监督管理责任。

二、流通领域食品安全监督管理方式

食品安全法第三条规定，应建立科学、严格的监督管理制度。以下从狭义层面介绍流通领域食品安全监督管理的具体方式。

（一）流通领域食品安全宏观监督管理

1. 国家对流通领域食品安全的宏观监督管理

（1）国务院设立食品安全监督管理部门对食品安全进行宏观监督管理

国务院设立食品安全委员会，其职责由国务院规定。国务院食品安全监督管理部门依照本法和国务院规定的职责，对食品生产经营活动实施监督管理。国务院卫生行政部门依照本法和国务院规定的职责，组织开展食品安全风险监测和风险评估，会同国务院食品安全监督管理部门制定并公布食品安全国家标准。国务院其他有关部门依照本法和国务院规定的职责，承担有关食品安全工作。

（2）国家实行食品安全信息统一公布制度

国家建立统一的食品安全信息平台，实行食品安全信息统一公布的制度。国家食品安全总体情况、食品安全风险警示信息、重大食品安全事故及其调查处理信息和国务院确定需要统一公布的其他信息由国务院食品安全监督管理部门统一公布。食品安全风险警示信息和重大食品安全事故及其调查处理信息的影响限于特定区域的，也可以由有关省、自治区、直辖市人民政府食品安全监督管理部门公布。未经授权不得发布上述信息。

（3）国家建立食品安全风险监测制度

国务院食品安全监督管理部门和其他有关部门获知有关食品安全风险信息后，应当立即核实并向国务院卫生行政部门通报。对有关部门通报的食品安全风险信息以及医疗机构报告的食源性疾病等有关疾病信息，国务院卫生行政部门应当会同国务院有关部门分析研究，如有必要，及时调整国家食品安全风险监测计划。省、自治区、直辖市人民政府卫生行政部门会同同级食品安全监督管理等部门，根据国家食品安全风险监测计划，结合本行政区域的具体情况，制定、调整本行政区域的食品安全风险监测方案，报国务院卫生行政部门备案并实施。

食品安全风险监测结果表明可能存在食品安全隐患的，县级以上人民政府卫生行政部门应当及时将相关信息通报同级食品安全监督管理等部门，并报告本级人民政府和上级人民政府卫生行政部门。食品安全监督管理等部门应当组织开展进一步调查。

（4）国家建立食品安全风险评估制度

国家建立食品安全风险评估制度，运用科学方法，根据食品安全风险监测信息、科学数据以及有关信息，对食品、食品添加剂、食品相关产品中生物性、化学性和物理性危害因素进行风险评估。国务院卫生行政部门负责组织食品安全风险评估工作，成立由医学、农业、食品、营养、生物、环境等方面的专家组成的食品安全风险评估专家委员会，进行食品安全风险评估。食品安全风险评估结果由国务院卫生行政部门公布。

国务院食品安全监督管理、农业行政等部门在监督管理工作中发现需要进行食品安全风险评估的，应当向国务院卫生行政部门提出食品安全风险评估的建议，并提供风险来源、相关检验数据和结论等信息、资料。属于食品安全隐患的，国务院卫生行政部门应当及时进行食品安全风险评估，并向国务院有关部门通报评估结果。

（5）国家制定食品安全国家标准

食品安全国家标准由国务院卫生行政部门会同国务院食品安全监督管理部门制定、公布，国务院标准化行政部门负责提供国家标准编号。食品中农药残留、兽药残留的限量规定及其检验方法与规程由国务院卫生行政部门、国务院农业行政部门会同国务院食品安全监督管理部门制定。屠宰畜、禽的检验规程由国务院农业行政部门会同国务院卫生行政部门制定。

省级以上人民政府卫生行政部门应当会同同级食品安全监督管理、农业行政等部门，分别对食品安全国家标准和地方标准的执行情况进行跟踪评价，并根据评价结果及时修订食品安全标准。

省级以上人民政府食品安全监督管理、农业行政等部门应当对食品安全标准执行中存在的问题进行收集、汇总，并及时向同级卫生行政部门通报。

（6）国家制定食品检验机构的资质认定条件和检验规范

食品检验机构按照国家有关认证认可的规定取得资质认定后，方可从事食品检验活动，但是法律另有规定的除外。食品检验机构的资质认定条件和检验规范，由国务院食品安全监督管理部门规定。符合本法规定的食品检验机构出具的检验报告具有同等效力。县级以上人民政府应当整合食品检验资源，实现资源共享。

2. 地方政府对流通领域食品安全的宏观监督管理

（1）县级以上地方人民政府统一领导本行政区域的食品安全监督管理工作

县级以上地方人民政府对本行政区域的食品安全监督管理工作负责，统一领导、组织、协调本行政区域的食品安全监督管理工作以及食品安全突发事件应对工作，建立健全食品安全全程监督管理工作机制和信息共享机制。

（2）县级以上地方人民政府确定本级食品安全监督管理的职责

县级以上地方人民政府依照本法和国务院的规定，确定本级食品安全监督管理、卫生行政和其他有关部门的职责。有关部门在各自职责范围内负责本行政区域的食品安全监督管理工作。县级人民政府食品安全监督管理部门可以在乡镇或者特定区域设立派出机构。

（3）县级以上地方人民政府实行食品安全监督管理责任制

县级以上地方人民政府实行食品安全监督管理责任制。上级人民政府负责对下一级人民政府的食品安全监督管理工作进行评议、考核。县级以上地方人民政府负责对本级食品安全监督管理部门和其他有关部门的食品安全监督管理工作进行评议、考核。

（4）县级以上地方人民政府为食品安全工作提供保障

县级以上人民政府应当将食品安全工作纳入本级经济和社会发展规划，将食品安全工作经费列入本级政府财政预算，加强食品安全监督管理能力建设，为食品安全工作提供保障。县级以上人民政府食品安全监督管理部门和其他有关部门应当加强沟通、密切配合，按照各自职责分工，依法行使职权，承担责任。

（5）县级以上地方人民政府制订并实施食品安全年度监督管理计划

县级以上地方人民政府组织本级食品安全监督管理，农业行政等部门制订本行政区域的食品安全年度监督管理计划，向社会公布并组织实施。食品安全年度监督管理计划的监督管理的重点有：专供婴幼儿和其他特定人群的主辅食品；保健食品生产过程中的添加行为和按照注册或者备案的技术要求组织生产的情况，保健食品标签、说明书以及宣传材料中有关功能宣传的情况；发生过食品安全事故的食品生产经营者；食品安全风险监测结果表明可能存在食品安全隐患的事项。

（二）流通领域食品安全微观监督管理

1. 食品安全监督管理部门采取监督检查措施

县级以上人民政府食品安全监督管理部门履行食品安全监督管理职责，采取下列措施对生产经营者遵守本法的情况进行监督检查：①进入经营场所实施现场检查。②抽样检验。县级以上人民政府食品安全监督管理部门对食品进行定期或者不定期的抽样检验，并依据有关规定公布检验结果；县级以上人民政府食品安全监督管理部门在食品安全监督管理工作中可以采用国家规定的快速检测方法对食品进行抽查检测。对抽查检测结果表明可能不符合食品安全标准的食品，应当进行定期或者不定期的抽样检验。抽查检测结果确定有关食品不符合食品安全标准的，可以作为行政处罚的依据。③查阅、复制有关合同、票据、账簿以及其他有关资料。④查封、扣押有证据证明不符合食品安全标准或者有证据证明存在安全隐患以及用于违法生产经营的食品、食品添加剂、食品相关产品。⑤查封违法从事生产经营活动的场所。

2. 食品安全监督管理部门实施风险分级管理

县级以上人民政府食品安全监督管理部门根据食品安全风险监测、风险评估结果和食品安全状况等，确定监督管理的重点、方式和频次，实施风险分级管理。

3. 食品安全监督管理部门建立食品经营者食品安全信用档案

县级以上人民政府食品安全监督管理部门应当建立食品经营者食品安全信用档案，记录许可颁发、日常监督检查、违法行为查处等情况，依法向社会公布并实时更新；对有不良信用记录的食品经营者增加监督检查频次，对违法行为情节严重的食品经营者，可以通报投资主管部门、证券监督管理部门和有关的金融机构。

4. 食品安全监督管理部门采取责任约谈措施

食品生产经营过程中存在食品安全隐患，未及时采取措施消除的，县级以上人民政府食品安全监督管理部门可以对食品生产经营者的法定代表人或者主要负责人进行责任约谈。食品生产经营者应当立即采取措施，进行整改，消除隐患。责任约谈情况和整改情况应当纳入食品生产经营者食品安全信用档案。

5. 食品安全监督管理部门接受咨询、投诉、举报

县级以上人民政府食品安全监督管理部门等应当公布本部门的电子邮

件地址或者电话，接受咨询、投诉、举报。接到咨询、投诉、举报，对属于本部门职责的，应当受理并在法定期限内及时答复、核实、处理；对不属于本部门职责的，应当移交有权处理的部门并书面通知咨询、投诉、举报人。有权处理的部门应当在法定期限内及时处理，不得推诿。对查证属实的举报，给予举报人奖励。

6. 食品安全监督管理部门公布食品安全日常监督管理信息

县级以上人民政府食品安全监督管理、农业行政部门依据各自职责公布食品安全日常监督管理信息。公布食品安全信息，应当做到准确、及时，并进行必要的解释说明，避免误导消费者和社会舆论。

7. 食品安全监督管理部门的行政处罚与刑事处罚相衔接

县级以上人民政府食品安全监督管理部门等发现涉嫌食品安全犯罪的，应当按照有关规定及时将案件移送公安机关。对移送的案件，公安机关应当及时审查；认为有犯罪事实需要追究刑事责任的，应当立案侦查。公安机关在食品安全犯罪案件侦查过程中认为没有犯罪事实，或者犯罪事实显著轻微，不需要追究刑事责任，但依法应当追究行政责任的，应当及时将案件移送食品安全监督管理部门和监察机关，有关部门应当依法处理。公安机关商请食品安全监督管理、生态环境等部门提供检验结论、认定意见以及对涉案物品进行无害化处理等协助的，有关部门应当及时提供，予以协助。

三、对食品安全监督管理者的监督管理

为加大食品安全监督管理力度，立法加强了对被监督管理者监督管理，也增加了对监督管理者的监督管理和制约，对各级监督管理机关和基层执法人员均制定了严格的监督管理措施。

（一）对各级监督管理机关的监督管理

1. 责任约谈和整改

县级以上人民政府食品安全监督管理部门等未及时发现食品安全系统性风险、未及时消除监督管理区域内的食品安全隐患的，本级人民政府可以对其主要负责人进行责任约谈。地方人民政府未履行食品安全职责、未及时消除区域性重大食品安全隐患的，上级人民政府可以对其主要负责人进行责任约谈。被约谈的食品安全监督管理部门等、地方人民政府应当立

即采取措施，对食品安全监督管理工作进行整改。责任约谈情况和整改情况应当纳入地方人民政府和有关部门食品安全监督管理工作评议、考核记录。

2. 行政问责

县级以上地方人民政府违反食品安全监督管理职责，有下列行为之一的，对直接负责的主管人员和其他直接责任人员给予记大过处分；情节较重的，给予降级或者撤职处分；情节严重的，给予开除处分；造成严重后果的，其主要负责人还应当引咎辞职：①对发生在本行政区域内的食品安全事故，未及时组织协调有关部门开展有效处置，造成不良影响或者损失；②对本行政区域内涉及多环节的区域性食品安全问题，未及时组织整治，造成不良影响或者损失；③隐瞒、谎报、缓报食品安全事故；④本行政区域内发生特别重大食品安全事故，或者连续发生重大食品安全事故。

（二）对基层食品安全执法人员的监督管理

1. 食品安全监督管理者的刑事法律责任

（1）食品监督管理渎职罪

《刑法修正案（八）》增加了食品监督管理渎职罪，在《刑法》第四百零八条后增加以下内容，作为第四百零八条之一："负有食品安全监督管理职责的国家机关工作人员，滥用职权或者玩忽职守，导致发生重大食品安全事故或者造成其他严重后果的，处五年以下有期徒刑或者拘役；造成特别严重后果的，处五年以上十年以下有期徒刑。"并规定"徇私舞弊犯前款罪的，从重处罚"。

（2）食品安全监督管理者数罪并罚的认定

《最高人民法院、最高人民检察院关于办理危害食品安全刑事案件适用法律若干问题的解释》规定，负有食品安全监督管理职责的国家机关工作人员，滥用职权或者玩忽职守，构成食品监督管理渎职罪，同时构成徇私舞弊不移交刑事案件罪、商检徇私舞弊罪、动植物检疫徇私舞弊罪、放纵制售伪劣商品犯罪行为罪等其他渎职犯罪的，依照处罚较重的规定定罪处罚。负有食品安全监督管理职责的国家机关工作人员滥用职权或者玩忽职守，不构成食品监督管理渎职罪，但构成前款规定的其他渎职犯罪的，依照该其他犯罪定罪处罚。负有食品安全监督管理职责的国家机关工作人员与他人共谋，利用其职务行为帮助他人实施危害食品安全犯罪行为，同时构成渎职犯罪和危害食品安全犯罪共犯的，依照处罚较重的规定定罪从重处罚。

2. 投诉和举报食品安全监督管理者

食品生产经营者、食品行业协会、消费者协会等发现食品安全执法人员在执法过程中有违反法律、法规规定的行为以及不规范执法行为的，可以向本级或者上级人民政府食品安全监督管理等部门或者监察机关投诉、举报。接到投诉、举报的部门或者机关应当进行核实，并将经核实的情况向食品安全执法人员所在部门通报；涉嫌违法违纪的，按照本法和有关规定处理。

第三节　流通领域食品安全监督管理的困境

一、监督管理部门的监督管理与消费者的食品安全监督管理需求存在差距

食品安全监督管理部门的监督管理不足。一方面，监督管理部门无法满足流通领域食品安全监督管理的人力需求。面对市场浩如烟海的食品，监督管理部门的监督管理人员无法对所有食品做到逐一检测，监督管理部门人力、物力有限，监督管理部门的工作人员不可能对所有食品实现监督管理。另一方面，流通领域的食品不可能被全部监督管理。监督管理部门的监督管理与消费者对食品安全监督管理的需求之间有一定差距。监督管理部门对流通领域食品的安全监督管理主要采取定期抽查、随机抽检的方式，消费者每天都需要食用食品，不同经营者经营的食品、不同时间生产的食品、不同批次生产的食品等都有可能存在食品安全风险。然而，监督管理部门对食品的监督管理具有随机性，监督管理的全面性不足，监督管理部门较难满足全部监督管理的要求。

二、食品安全监督管理与食品安全监督管理技术开发的社会参与度不足的反差

一方面，食品安全监督管理的社会参与度不足。《食品安全法》规定，

县级以上人民政府食品安全监督管理部门履行食品安全监督管理职责。市场经营者将众多食品集中销售，形成了现代的主要销售形式。对集中交易市场如商场、超市、购物中心等，食品安全监督管理部门的监督管理相对容易一些，但是对大量存在的食品生产加工小作坊、食品摊贩等具有分散性或隐蔽性的食品经营者，食品安全监督管理部门的监督管理难度较大，监督管理部门的人力和物力有限，面对数量较大的监督管理对象，监督管理不足，监督管理形式较为单一，社会力量参与不足。

另一方面，食品安全监督管理技术开发的社会参与度不足。食品安全问题较之食品卫生问题，最大的特点是具有不可见性。随着导致食品不安全的非法添加物等朝化工或医药等需要科技才能辨识的方向发展，需要食品安全检测技术的提高。而生产和流通领域食品不安全因素的多样性使得流通领域食品安全监督管理呈现出复杂性，对于食品安全检测技术的要求更高。在电子商务时代，网络食品安全监督管理问题比较突出，对网络食品的安全监督管理还需要网络技术，而检测技术又具有专业性，需要提高社会参与度。

三、对规模化食品企业和食品生产加工小作坊、食品摊贩等的食品安全监督管理的差异

根据我国《食品安全法》的规定，对规模较大企业的监督管理由《食品安全法》规定，而食品生产加工小作坊、食品摊贩等小规模食品生产经营者的监督管理在食品安全法之外，由各地方制定食品生产加工小作坊和食品摊贩等的具体管理办法。可见，我国食品安全监督管理实行分级制度，对属于《食品安全法》规范范围的企业的监督管理更加严格，对食品生产加工小作坊和食品摊贩的监督管理相对宽松。

然而，《食品安全法》并没有明确大企业和食品生产加工小作坊、食品摊贩等的食品安全监督管理的差异，以至于实践中大企业和食品生产加工小作坊、食品摊贩等的食品安全标准并没有太大差异。消费者从大企业购买的食品比在食品生产加工小作坊、食品摊贩等购买的食品的质量更好，缘于《食品安全法》规定的较高的监督管理要求。虽然食品生产加工小作坊、食品摊贩等的监督管理标准较低，但是《食品安全法》也应把标准规定出来，统一适用。

第七章　中国流通领域食品安全法律规制的完善

第一节　食品经营者的食品安全法律责任的完善

一、完善食品经营者的食品安全法律责任

（一）完善食品经营者的食品安全刑事法律责任

在食品经营者危害食品安全的犯罪中增加"过失"责任，即食品经营者应知自己因为疏忽大意或过于自信可能产生危害社会的结果而导致犯罪结果发生，以增加食品经营者的刑事法律责任。

（二）增加食品经营者的食品安全民事法律责任

1. 惩罚性赔偿责任的主观由"明知"改为"应知"

在最高人民法院发布的食品药品纠纷典型案例（××超市有限责任公司人身权益纠纷案）中，北京市第二中级人民法院二审认定：山楂片所存在的瑕疵是在外包装完整的情况下即可发现的，因此，产品销售商是在应当知道该食品存在安全问题的情况下销售该产品的，应向消费者支付价款十倍的赔偿金。[①] 该案中二审法院就是根据"应知"判令食品销售者承担惩罚性赔偿责任。

2. 惩罚性赔偿责任成为补充连带责任。

消费者直接面对的是食品经营者，食品经营者为食品安全第一责任

[①]　张先明. 最高人民法院公布五起食品药品纠纷典型案例［N］. 人民法院报，2014-01-11.

人，因为食品生产者分散而未知，一般而言，只有在销售者没有赔偿能力或赔偿能力不足的情况下，消费者才会选择追究生产者的惩罚性赔偿责任。因此，根据首负责任制，食品经营者往往成为食品安全的第一责任人。而食品经营者最终只是承担了形式上的食品安全民事法律责任或者较少的食品安全实质民事法律责任，食品经营者在法律上仅为形式上的食品安全第一责任人。为解决形式和实质不一致的问题，充分调动食品经营者的食品安全监督管理责任，笔者认为，为加强食品经营者的食品安全民事责任，食品经营者的惩罚性赔偿责任应成为补充连带责任，使食品经营者成为事实上的食品安全第一责任人。

3. 食品经营者对"不知道所采购的食品不符合食品安全标准"而承担赔偿责任不成立

食品安全法第一百三十六条规定，食品经营者履行了本法规定的进货查验等义务，有充分证据证明其不知道所采购的食品不符合食品安全标准，并能如实说明其进货来源的，可以免予处罚，但应当依法被没收其不符合食品安全标准的食品；造成人身、财产或者其他损害的，依法承担赔偿责任。该法条规定的是食品经营者非"明知"情形下采购不符合食品安全标准的食品，不承担法律责任。如果惩罚性赔偿责任的主观由"明知"改为"应知"，则食品经营者不会因"不知"的主观状态仍要承担赔偿责任，而是无论是否知道，只要给消费者造成损害，就应承担民事责任。

（三）增加食品经营者食品安全行政法律责任的免责规定

《食品安全法》在民事食品安全法律责任的惩罚性赔偿责任部分规定了免责内容，"但是，食品的标签、说明书存在不影响食品安全且不会对消费者造成误导的瑕疵的除外"。笔者认为，《食品安全法》既然对食品经营者规定了严格的食品安全行政法律责任，就应规定食品经营者合理的抗辩事由，即免责条款。食品经营者食品安全行政法律责任的免责内容主要有：①已尽到检测和监督管理义务；②受检测技术手段限制无法发现；③履行了不安全食品召回义务；等等。

二、严格区分食品安全相关法律规范内外的食品经营者的法律责任

（一）严格区分《食品安全法》规范内外的食品经营者的法律责任

1.《食品安全法》规范之外的食品生产加工小作坊、食品摊贩、食杂店的法律责任较为宽松

根据国务院发布的《中国的食品质量安全状况白皮书》，10 人以下小企业、小作坊产品的市场占有率仅为 9.3%。食杂店（小食品店）也是流通领域食品安全监督管理的薄弱环节，《食品安全法》修订时第一次审议稿将"小食品店"与原有规定的"生产加工小作坊、食品摊贩"一并列为《食品安全法》规范之外的食品经营者。笔者赞同第一次审议稿的划分，小食品店因其规模小、条件差也应纳入《食品安全法》规范。此后《食品安全法》提及食品生产加工小作坊、食品摊贩等时，则将其他形式的小型食品经营者包括在内。

食品生产加工小作坊、食品摊贩、食杂店等被置于《食品安全法》规范之外，重要的原因在于它们规模小、条件差，相应地其法律责任较为宽松。笔者建议，食品生产加工小作坊、食品摊贩等要承担严重食品安全问题导致消费者人身、财产损失的法律责任。但对其设立的食品安全义务也可以相对较轻和宽松，比如不用建立食品安全自查制度和食品进货查验记录制度等。考虑到对食品生产加工小作坊、食品摊贩等食品安全监督管理的现实性以及经营者的生计，应设定其必须承担的食品安全法律义务和责任，比如不得经营腐败变质、油脂酸败、霉变生虫、污秽不洁、混有异物、掺假掺杂或者感官性状异常的食品、食品添加剂等。也应设定其可以不承担的食品安全责任的情形，比如不得经营无标签的预包装食品、食品添加剂或者标签、说明书不符合本法规定的食品、食品添加剂等。

2.《食品安全法》应明确规定食品经营者的经营规模和条件的具体标准，以此来区分该法规范内外的食品经营者的法律责任

基于经营规模和条件严格分级管理，区分该法规范内外食品的安全性差异。食品生产加工小作坊、食品摊贩等大量存在，因其无证无照，适合灵活就业，但是它们不方便管理，不在《食品安全法》管理范围之内。需要赋予规范内食品经营者严格的食品安全义务和法律责任，而对于食品生产加工小作坊、食品摊贩等规范外的食品经营者则没有赋予。因此，两者所经营食品的安全性便出现明显差异。

出于食品安全分级监督管理考虑，对食品生产加工小作坊、食品摊贩等的食品安全法律责任应在食品安全法中予以说明，才有助于各地制定食品生产加工小作坊、食品摊贩等的地方性法规，而不是将《食品安全法》内容照搬到食品生产加工小作坊、食品摊贩等的管理上。

（二）严格区分《农产品质量安全法》规范内外的食品经营者的法律责任

《农产品质量安全法》与《食品安全法》规定的食品经营者的法律责任应实现对接，主要有：《农产品质量安全法》也应对农产品经营者进行区分管理，对规模、条件不同的农产品经营者的食品安全法律责任进行严格区分。将农产品经营者区分为农产品生产企业、农民专业合作社和农产品经营者。具有较大规模的农产品生产企业和农民专业合作社承担的食品安全法律责任与《食品安全法》规定的食品经营者一致。

三、食品经营者的食品安全法律责任与法律义务规定一致

（一）食品经营者的食品安全刑事、民事法律责任与法律义务规定一致

要完善食品经营者的食品安全法律责任，使其与食品安全法律义务相统一。食品经营者要履行《食品安全法》规定的"保证食品安全"的法律义务，其食品安全刑事法律责任和食品安全民事法律责任中的惩罚性赔偿责任则应为"应然"（应知）层面的法律责任。

（二）食品经营者的食品安全行政法律责任与法律义务规定一致

1. 食品经营者的食品安全法律责任和法律义务应相对应

根据《食品安全法》第九章法律责任第一百二十四条、第一百二十五条规定，食品经营者需要承担十一类严格意义上的法律责任，不得从事违反相关规定的活动，然而，食品经营者要承担以上严格的食品安全法律责任，只有对食品进行安全检测，对生产者产地进行定期或不定期的实地调查等，才能全面掌握食品的安全状况。然而《食品安全法》只规定食品经营者有三项食品安全法律义务：食品经营者应当建立食品安全自查制度；食品经营企业应当建立健全食品安全管理制度、食品进货查验记录制度。该法律义务仅为形式法律义务，无法触及食品的内在安全。

2.《食品安全法》规定了食品经营者负有严格的食品安全法律责任，也应相应地规定严格的食品安全监督和管理义务

食品安全行政法律责任应与食品安全行政法律义务相统一。实践中，

已有商家开始自觉提高食品安全行政法律义务以适应《食品安全法》规定的行政法律责任。如沃尔玛超市指出，"狐狸肉"风波中生产商的相关营业执照、工业生产许可证和商品的检验报告、食品流通许可证均符合国家相关规定。但随后，沃尔玛宣布将加强食品安全的投入，并将尚未列入国家相关标准要求的 DNA 的检测正式纳入易掺假的肉制品抽检。[①]

3.《农产品质量安全法》对食品经营者的食品安全法律义务与法律责任的规定也应前后一致

《农产品质量安全法》第七章"法律责任"部分应当规定销售未经检测或检测不符合标准的农产品应承担的法律责任，应规定农产品销售企业违反"经查验不符合农产品质量安全标准的，不得销售"应承担的法律责任。

第二节　食品市场经营者的食品安全法律责任的完善

除了形式审查以外，食品市场经营者几乎不用承担任何食品安全法律责任。应增加食品市场经营者对食品安全监督管理的法律责任。笔者认为，应调动和发挥食品市场经营者的作用，明确其为食品市场日常经营管理的第一责任人。

一、增加电视台、广播电台作为食品市场经营者的食品安全法律责任

推出购物频道的电视台、广播电台是食品流通的市场经营者，类似于网络食品交易第三方平台提供者，应将其明确列为食品安全市场经营者和法律责任的主体。然而，推出购物频道的电视台、广播电台既是广告发布者，又是食品市场经营者，具有双重身份。

对电视台、广播电台的食品安全法律责任，可以比照网络食品交易第三方平台提供者的规定，在未履行形式义务的情形下，与食品经营者承担连带责任。《消费者权益保护法》和《广告法》都规定，广告发布者发布的虚假广告危及消费者生命健康，与商品经营者承担连带责任。当电视

---

① 林晓丽. 沃尔玛将对肉制品检验 DNA [N]. 广州日报，2014-01-01.

台、广播电台分别承担食品广告发布者、食品市场经营者的角色时，其法律责任非常清晰。然而当电视台、广播电台既作为食品广告发布者又作为食品市场经营者对消费者的合法权益损失承担连带法律责任时，笔者认为，消费者可以选择其中一项法律条文作为请求赔偿的法律依据。

二、增加食品市场经营者的食品安全法律责任

（一）应立法加强食品市场经营者的食品安全刑事法律责任

1.《刑法》应增加食品市场经营者可以作为生产、销售不符合安全标准的食品罪和生产、销售有毒、有害食品罪的共犯的规定

《刑法》对流通领域市场经营者的食品安全刑事法律责任没有任何规定，而《最高人民法院关于审理食品药品纠纷案件适用法律若干问题的规定》规定了食品市场经营者可以按生产、销售不符合安全标准的食品罪或者生产、销售有毒、有害食品罪的共犯论处，这是弥补《刑法》规定的不足，也说明《刑法》对市场经营者的食品安全刑事法律责任的规定不够完善。在规定第一百四十三条生产、销售不符合安全标准的食品罪和第一百四十四条生产、销售有毒、有害食品罪的同时，可增加一款：明知他人生产、销售不符合安全标准的食品，有毒、有害食品，提供生产、经营场所等便利条件的，以生产、销售不符合安全标准的食品罪或者生产、销售有毒、有害食品罪的共犯论处。

2.《刑法》应增加交易第三方平台提供者可以作为生产、销售不符合安全标准的食品罪和生产、销售有毒、有害食品罪的共犯的规定

网络食品交易第三方平台与集中交易市场的管理者、展销会的举办者、出租柜台的租赁者等实体食品市场经营者不同，一般在法律中进行单独规定，所以，《刑法》应与《网络食品安全违法行为查处办法》的规定相对接，增加网络食品交易第三方平台提供者违反《食品安全法》规定，构成生产、销售不符合安全标准的食品罪和生产、销售有毒、有害食品罪的共犯。

3.《刑法》应增加规定集中交易市场的管理者和网络食品交易第三方平台提供者可以成为重大食品安全事故罪的犯罪主体

既然滥用职权或者玩忽职守导致发生重大食品安全事故构成犯罪，那么监督和管理不力导致发生重大食品安全事故的集中交易市场的管理者和

网络食品交易第三方平台提供者，也应承担刑事法律责任。基于食品市场的特殊性及严重危害后果的犯罪特征要求，食品市场经营者对重大食品安全事件应承担过失责任，建议增加食品安全事故罪。

（二）应立法增强食品市场经营者的食品安全民事法律责任

《食品安全法》应规定，食品市场经营者也实行首负责任制。基于市场对于食品经营者的重要性，既然食品市场经营者需要承担连带责任，那么食品市场经营者也应实行首负责任制。笔者认为，食品安全受到侵害的消费者可以自主选择食品经营者、食品生产者要求赔偿，实行首负责任制，也可以选择食品市场经营者先行赔付，这在无形中增加了食品市场经营者的民事法律责任。如果食品经营者、食品生产者不具有赔偿能力或者逃避承担民事责任，民事责任可先由食品市场经营者承担，这样就多了一重对消费者合法权益的保护。这一规定对网络食品交易平台的食品安全保障尤为重要。提高网络食品交易平台提供者的食品安全民事法律责任，可促使其提前预防并及时发现入网食品经营者违反食品安全法规定的违法行为，发现后也能快速采取必要措施。

《食品安全法》应增加规定，网络食品交易第三方平台提供者在"应知"情形下对食品经营者利用其平台侵害消费者合法权益且未采取必要措施的，依法承担法律责任，以实现《食品安全法》与《消费者权益保护法》的规定和标准的一致性。食品相对于其他普通商品，是与消费者切身利益联系最为密切的商品，对与食品相关的各方面的限制和约束也应更为严格；食品网络食品交易第三方平台提供者相较于普通商品交易平台提供者，其法律责任应当更大，这样有利于促进网络食品交易平台提供者对食品经营者的经营进行主动监督管理。

（三）应立法强化我国流通领域食品市场经营者的食品安全行政法律责任

既然食品经营者在食品市场经营者提供的场所销售食品，食品市场经营者就对食品经营者的经营行为具有管理职责，立法应明确规定食品市场经营者负有食品安全监督管理职责，从而强化其食品安全行政法律责任。

1.《农产品质量法》应提高农产品批发市场的行政法律责任

《农产品质量法》对食品市场经营者赋予了较高的食品安全监督管理职责——食品安全检测，但是对未承担食品安全检测义务的农产品批发市场的处罚仅为责令改正，处二千元以上二万元以下罚款。该行政法律责任显然对现今的农产品批发市场而言已不具有相当的惩罚性，有必要提高对违法农产品批发市场的罚款金额，加大处罚力度。

2.《食品安全法》应在增加集中交易市场食品安全监督管理义务的同时，设立其相应行政法律责任

《食品安全法》规定集中交易市场应定期对经营环境和条件进行检查，若发现违法行为，应及时制止并报告监督管理部门，也即规定了传统交易市场对食品经营者的经营行为进行监督管理的法定职责。然而现今的食品安全问题主要来自食品自身，而非完全来自食品经营者的经营环境和条件。笔者认为，《农产品质量安全法》规定农产品批发市场要负责抽检，就意味着食品市场经营者对食品安全也负有保证责任，这一规定应运用于集中交易市场，集中交易市场的经营者也需要做好经营食品的检验。同时，在增加集中交易市场食品安全监督管理义务的同时，应规定相应的行政法律责任。

三、区分多种身份竞合的法律责任

对自营商品生产者、销售者、市场经营者等多种身份竞合的法律责任可以做如下认定：第一，生产者与销售者身份重合的。在生产者责任和经营者法律责任竞合的情况下，应择一重责追究。现有的《食品安全法》只是根据生产者与销售者的不同身份规定相应的法律责任，对于自营商品，原则上是食品安全监督部门根据行政管理对象的身份和食品所处的环节追究相应的法律责任，由此，销售自营商品者在目前的立法上应承担双份的法律责任。此种竞合情形，应根据责任大小，择一重责追究。比较而言，生产者的责任大于经营者的责任，因此，应规定销售自营商品者只承担生产者责任。第二，销售者与市场经营者身份重合的。如在实体店中，食品销售者出租部分柜台或者食品市场经营者自营一部分商品；在网络销售中，网上超市自营一部分商品。当食品销售者与食品市场经营者竞合时，因为涉及自身更大的利益，食品市场经营者对自营商品的监督较难到位。针对此种情况，首先，应明确规定引入第三方检测机制；其次，在责任承担上，食品销售者对自己经营的商品承担销售者责任，对出租柜台承担市场经营者的法律责任。市场经营者对于自营商品来说既是销售者又是市场

经营者，在《食品安全法》仅根据身份和环节认定法律责任的情况下，理论上食品市场经营者应承担双重身份的双份法律责任，与上述第一种情况同理，也应择其重责，仅承担食品销售者的法律责任。第三，当生产者、销售者、市场经营者身份全部竞合时，同理，在引入第三方检测的同时，也只能择其重责，仅承担食品生产者的法律责任。

四、强化网络食品交易第三方平台的食品安全监督管理责任

《食品安全法》应增加网络食品交易第三方平台的食品安全监督管理义务，并加大其食品安全监督管理法律责任。网络食品交易平台提供者虽然无法看到食品实物，无法对食品交易现场进行监督管理，但根据《网络食品安全违法行为查处办法》，网络食品交易第三方平台提供者应当设置网络食品安全管理机构或者专职食品安全管理人员，检查平台上的食品经营情况及信息。笔者认为，随着网络购物的快速发展，网络食品交易第三方平台的行政法律责任应进一步加强。网络食品交易具有虚拟性、规模性、隐蔽性①，网络食品交易第三方平台提供者除应向食品经营者索取食品进货单、经营场所、食品检验检疫证明等与食品安全本身有关的信息以外，还应对进场销售的食品进行线上巡查和抽查检测。同时，在增加网络食品交易第三方平台食品安全监督管理义务的同时，应提高其法律责任，设立相应的行政处罚。同时，比照网络食品交易第三方平台，应增加电视、广播电台的法律责任，规定其对进场销售的食品进行销售巡查和抽查检测。

第三节　流通领域食品安全法律制裁的完善

一、食品安全刑事法律制裁的完善

一方面，从证据收集和认定着手，食品经营者构成生产、销售不符合安全标准的食品罪，生产、销售有毒、有害食品罪这两种食品安全犯罪的前提必须先从食品生产者处购买不安全食品，由此可以从食品经营者的上

---

① 张锋. 网络食品安全治理机制完善研究［J］. 兰州学刊，2021（10）：127.

下游寻找证据。从食品生产者处购买的食品数量和自身销售的食品数量可以根据微信或支付宝等找到相关证据并印证，还剩的数量可能被犯罪嫌疑人掩藏或转移，如果食品经营者不能说明不安全食品的去向，则可以根据购买数量按"有其他严重情节"认定。这有助于不安全食品经营者主动交出剩余的赃物或赃款，也有助于对其犯罪行为的客观全面认定和防止其逃脱法律制裁。

另一方面，进一步加大食品安全刑事法律制裁中的罚金刑力度。食品安全犯罪分子销售不符合安全标准的食品，有毒、有害食品的主要动机是获取非法利益，所以，对食品安全刑事犯罪的打击需要提高罚金刑力度。虽然《刑法》和《最高人民法院、最高人民检察院关于办理危害食品安全刑事案件适用法律若干问题的解释》的修改将食品安全犯罪两个罪名中的"单处罚金"改为"并处罚金"，并将罚金额度提高到"一般应当依法判处销售金额二倍以上的罚金"，但是大量的小食品金额并不高，如果犯罪分子提前销毁账册或者没有销售记录，那么对于价格在十几元或几十元的小食品，只能以案发时公安机关发现的销售量金额进行处罚。就算是在此销售金额上的二倍，金额也仍然比较小。笔者建议，考虑到食品价格有高有低，以低价为主，为体现重罚原则，罚金刑应确立一个最低金额，规定"一般应当依法判处销售金额二倍以上的罚金，但最低不少于 5 万元"。

二、食品安全民事法律制裁的完善

一方面，人民法院为消费者提供了便捷的诉讼服务，改善了食品安全民事法律制裁的效果。但消费者日常购买食品的数量一般较少，如一斤鸡蛋、两盒酸奶、三斤大虾等，金额也较小。如果消费者发现购买的不安全食品损害了自己的人身、财产权益，为立案和开庭审理，可能需要请假前往法院提起诉讼；根据"原告就被告原则"，有的案件还需要前往外地法院出庭，确实消耗太大，消费者可能因此放弃诉讼。人民法院对于食品安全案件应加大宣传力度和诉讼支持力度，实现网上庭前调解、网上立案、云法庭线上开庭审理，采取小额诉讼程序。消费者无须前往法院，只需要将相关证据快递给法院就可以在家里或就近参与案件审理。诉讼方便，更多的消费者就会主动维护自身合法权益，食品安全民事法律制裁的效果才会更好。

另一方面，各地方人民法院应在本院网站公告审理的食品安全案件的判决书或调解书，以提高食品安全民事法律制裁的效力。民事法律制裁只适用于平等的原被告双方之间的人身关系和财产关系的纠纷，民事诉讼的判决只适用于原被告双方，案外人无法了解。食品安全案件发生后，能及时发现的消费者可以寻求对食品经营者的法律制裁和损失赔偿，而其他深受同样没有发现或者不知道食品安全损害的消费者还可以得到法律救助。为帮助广大消费者知晓食品安全民事判决，各地方人民法院有必要在本院网站公告审理的食品安全案件案情和判决或调解结果，其他消费者可以仿效，向法院提起诉讼。如果人数众多，可以形成人数不确定的代表人诉讼，以提高食品安全民事法律制裁的效力，保护更多受不安全食品损害的消费者的合法权益。

三、加强食品安全行政法律制裁

在刑事、民事、行政三类法律制裁中，最直接、最有效、影响最广泛的是行政法律制裁。《食品安全法》也突出和强调了行政法律制裁。日本学者阿部泰隆认为，行政在事前，在危险只不过是抽象的、被害发生还只是可能性的阶段即行介入，才能将被害与纷争防患于未然。这样可以以"预防行政"收"先下手为强"之功效。① 为强化食品安全行政法律制裁的效果，加大对流通领域食品经营者和市场经营者的打击力度，可以从两方面完善食品安全行政法律制裁：

一方面，加强食品经营者的食品安全行政法律制裁。食品安全问题主要源自生产者和销售者，加大对他们的制裁力度才是食品安全问题治理的根本所在。因此，食品流通领域应大力加强对食品销售者的食品安全行政法律制裁，应改变行政法律制裁方式，变食品安全问题的事后制裁为事前的预防性制裁和事后制裁相结合，加强对食品销售者的事前行政法律制裁。如《食品安全法》规定，食品经营者履行了本法规定的进货查验等义务，有充分证据证明其不知道所采购的食品不符合食品安全标准，并能如实说明其进货来源的，可以免予处罚，但应当依法没收其不符合食品安全标准的食品。该规定即为事后制裁，《食品安全法》可以规定对食品经营

---

① 王贵松. 日本食品安全法研究 [M]. 北京：中国民主法制出版社，2009：21.

者没有履行进货查验等义务应给予行政法律制裁，这样能有效预防食品安全问题的发生，同时也能在一定程度上解决食品安全管理机关执法人员不足导致的法律制裁局限。法律制裁不是目的，预防食品安全问题的发生才是。

另一方面，《食品安全法》因其自身特点，不能完全照搬《行政处罚法》规定的制裁措施。针对食品安全行政法律制裁处罚大多较轻的问题，加大对食品经营者的制裁，可以借鉴《日本食品卫生法》的处罚方式，对违反食品安全的部门责令停产停业，并予以公告，形成商誉损害和社会影响力。同时，应根据食品经营者和食品市场经营者各自的特点和利益相关性来确定处罚的种类。还应对发生食品安全事故的单位做出相应的行政处罚规定。

四、加强食品安全多种法律制裁的衔接和联合制裁

（一）完善行政法律制裁与刑事法律制裁的衔接和联合制裁

1. 国外模式

（1）英国模式

行政处罚与刑事处罚相结合，第一次适用行政处罚，之后则给予刑事处罚。1875 年英国的《食品与药品销售法》规定，故意销售掺杂掺假的产品的，第一次违反处以 50 英镑的罚金；若之后仍屡次违反的，则定为犯罪并处以不超过六个月的监禁和重体力劳动改造。该法有效地抑制了食品掺假事件的发生。[①]

（2）美国模式

行政处罚与刑事处罚相结合。根据美国 2009 年《食品安全加强法案》三百零三条，民事罚款（civil）的实质为行政处罚。美国为判例法国家，对民事制裁未进行明确的法律规范。

（3）日本模式

行政处罚与刑事处罚相结合。《日本食品卫生法》规定，食品经营者违反相关规定，厚生劳动省大臣或都道府知事可给予销毁命令、取消许可（禁止其营业或部分营业，或在一定期间内禁止其营业）、改善命令（命令

---

① 孙宝国，周应恒. 中国食品安全监督管理策略研究 [M]. 北京：科学出版社，2013：118.

其整顿改善其设施）等行政处罚。对经营者的多数违法行为，同时处以有期徒刑或（和）罚金的刑罚。在刑罚部分，对非结果犯没有规定是否足以造成严重后果或已造成严重后果。而对行为犯，只要经营者违反禁止性行为或故意销售的食品可能损害人身健康，即给予其刑事处罚。

2. 加强行政法律制裁与刑事法律制裁的联合制裁

国家食品药品监督管理总局等联合发布的《食品药品行政执法与刑事司法衔接工作办法》规定了食品安全行政制裁与食品安全刑事制裁的衔接，要求各级食品药品监督管理部门、公安机关、人民检察院、人民法院之间建立健全线索通报、案件移送、信息共享、信息发布等工作机制。笔者认为，在实践中法律制裁之间不仅需要彼此衔接，还需要联合制裁，才能更有效地制裁食品安全违法行为。

目前我国行政法律制裁与刑事法律制裁的方式与日本类似，对食品经营者可以同时处以行政法律制裁和刑事法律制裁，两种法律制裁互相不影响。但是日本对食品经营者的多数违法行为同时处以刑罚，而我国的情况正好相反，大多数食品安全违法者可能会受到行政法律制裁，只有极少数食品安全违法者才会受到刑事法律制裁。这说明我国对食品安全刑事犯罪的起刑点设置得较高。笔者认为，为加大对违法食品经营者的打击力度，可以借鉴日本的相关规定，使大多数违法食品经营者受到行政法律制裁的同时受到刑事法律制裁。我国还可以借鉴英国模式，对违法食品经营者第一次实施行政法律制裁，如果他第二次再违法，便转为刑事法律制裁。对初犯的违法食品经营者处以行政法律制裁，给予警示和教育，如果第二次再违法则加上刑事法律制裁，以此加大食品安全法律制裁，达到我国流通领域行政法律制裁与刑事法律制裁联合制裁的效果。

（二）加强民事法律制裁与行政法律制裁的衔接与联合制裁

1. 民事法律制裁与行政法律制裁的衔接

国家食品药品监督管理总局等联合发布的《食品药品行政执法与刑事司法衔接工作办法》规定，各级食品药品监督管理部门、公安机关、人民检察院应当积极建设行政执法与刑事司法的信息共享平台，逐步实现涉嫌犯罪案件的网上移送、网上受理、网上监督。各级食品药品监督管理部门、公安机关、人民检察院、人民法院之间应建立食品药品违法犯罪案件信息发布的沟通协作机制。在发布案件信息前，应当互相通报情况；对联合督办的重要案件，应当联合发布信息。笔者认为，该机制可以适用于食品安全民事法律制裁与行政法律制裁的衔接，各级食品药品监督管理部门与人民法院之间应建立行政执法与民事诉讼的信息共享平台和食品安全案件信息沟通协作机制。掌握食品经营者受到行政处罚的信息，可以减少法院审理时对食品安全违法事实的认定工作，有助于快速审结消费者请求赔偿的案件，节约司法资源。

2. 加强行政法律制裁与民事法律制裁的联合制裁

一方面，在实施民事法律制裁的同时应启动行政法律制裁。食品安全监督管理部门通过共享信息知晓民事判决，可对人民法院受理并审理消费者起诉的食品安全案件的被告同时启动行政法律制裁。民事法律制裁可帮助食品安全监督管理部门发现食品安全违法行为，拓展食品安全监督管理部门的监督管理渠道。法院可判决食品经营者帮助行政执法机关掌握食品安全违法事实，减轻其执法工作和压力。在保护消费者权益的同时，对食品销售者形成实质制裁和打击，以保障食品安全，保护更多消费者利益。另一方面，行政执法机关因消费者投诉对违法食品经营者给予行政处罚时，可以依职权对赔偿部分进行调解，这有助于减少民事诉讼案件，节约司法资源。

（三）加强对食品经营者法律制裁与对食品生产者法律制裁的衔接与联合制裁

对食品生产者和销售者的食品安全行政法律制裁是并列规定的，其法律制裁完全相同。应根据其行为对食品安全的危害性，使食品生产者、销售者、市场经营者的法律制裁有所区别。在严格意义上，食品生产者的食品安全危害性大于食品销售者的食品安全危害性，而后者的食品安全危害性又大于食品市场经营者的食品安全危害性。对他们的法律制裁也应依次递减。同时，应根据三者各自的特点和利益相关性来确定处罚的种类。

对食品经营者实施制裁后，当地食品安全监督管理部门应通知生产地食品安全监督管理部门。如果县级以上地方市场监督管理部门对食品经营者进行行政制裁处罚后，发现有食品生产者的责任或者兼有食品生产者的责任，则应马上通知食品生产者所在地市场监督管理部门。比如，在处罚经营掺假掺杂食品的销售者的同时应处罚生产掺假掺杂食品的生产者，从而从源头上杜绝食品安全问题的再次发生。县级以上地方市场监督管理部门处罚食品生产者后，应立刻通知不安全食品销往地的市场监督管理部门，协助其根据法律规定查处食品经营者。可以借鉴日本食品卫生法的处罚方式，对违反食品安全的部门予以停产停业，并予以公告，以形成商誉损害和社会影响力，预防食品安全问题的扩大。

第四节　流通领域食品安全监督管理的完善

面对我国流通领域存在的食品安全问题以及食品安全监督管理中的困境，需要明确的是，监督管理的目的是事前预防而不是事后制裁。政府可以通过法治等综合手段，着力培育绿色食品市场，努力建设放心安心食品购物市场。

一、提高食品安全监督管理机关监督管理的效力

监督管理部门监督管理不足和不能全部监督管理，这是单纯依靠食品安全监督管理机关监督管理不可解的难题。现有食品安全监督管理机关能提高的是监督管理效力，而监督管理效力的提升主要依靠监督管理技术的改进。面对浩瀚的食品市场，市场监督管理部门主要采取定期抽查、随机抽检的方式。在现有方式下，提高监督管理效力着重在增加抽查和抽检的数量上，如果抽查、抽检数量较大，那么食品经营者被查检到的概率就会增加，监督管理部门发现食品安全问题的概率也会增加。在现有监督管理机关人力不变的情况下，需要改进的是抽查和抽检的技术和方法；可以请第三方检测机构参与，采取最先进的检测手段，提高检测效力，增大检测样本。

随着电子商务的迅猛发展，超市等不再只采取固定场所经营，而小作坊等则更为隐蔽。在规范网络食品安全的同时，应通过提高网络监督管理技术来加强对网络食品安全的监督管理。《"十三五"国家食品安全规划》提出，严格过程监督管理，严格特殊食品监督管理，严格网格化监督管理，严格互联网食品经营等新业态监督管理，加强互联网食品经营网上监测能力建设。要落实网络平台食品经营资质审核责任，完善网上交易在线投诉和售后维权机制；强化抽样检验，食品安全抽样检验覆盖所有食品类别、品种，突出对食品中农药兽药残留的抽检。只有从技术上和监督管理

责任分配上落到实处，才能提升食品安全监督管理机关的监督管理效力。

二、增加食品安全监督管理的社会参与度

（1）强化食品经营者的监督管理义务与弱化食品安全监督部门的监督管理职责相协调。在我国现有法律背景下，可以另辟蹊径，解决食品安全行政监督管理机关追究不足的问题。笔者认为，此问题是由食品经营者监督管理方式的单一性与流通领域监督管理对象（食品）的广泛性对比导致的。增加对流通领域食品安全的监督管理力量是必然的途径。可通过赋予《食品安全法》规范内的食品经营者严格的食品安全法律义务，强化其对流通领域食品安全的辅助监督管理作用，他们对食品安全的监督管理较之食品安全行政机关更为全面。食品安全行政监督管理机关的职责可以转化为对《食品安全法》规范内的食品经营者监督管理责任的监督管理"对监督管理进行监督管理"，这样食品安全行政监督管理机关监督管理的覆盖面则可以更为广泛，效果也会更为明显，食品安全行政监督管理机关因此有能力转而应对更大量的《食品安全法》规范外的食品经营者的监督管理。

（2）国家通过政策和赋税支持食品经营者分担部分国家监督管理责任。国家应加强政策导向。食品检测等使食品经营者增加了相应的费用，既然食品经营者分担了部分国家监督管理的责任，那么国家可以给予食品经营者在检测方面的经费补助，比如通过降低赋税等形式予以补偿。为了鼓励食品经营者更好地履行法定的监督管理义务，监督管理部门可以对履行法定义务情况较好的食品经营者予以奖励。而且，《食品安全法》通过对相对数量较少的食品经营者加强监督管理，树立食品安全标准，引导消费者进入安全性更高的食品流通环境。

三、加强对食品生产加工小作坊、食品摊贩等的食品安全监督管理

经营分为两类：固定性经营和流动性经营。超市、商场、农贸市场、批发市场、展销会为固定性经营，食品生产加工小作坊、食品摊贩等都属于流动性经营。前者主要为销售者提供集中经营的场所，是现代社会的主要经营方式，后者的经营者多身兼生产者和销售者两种角色。比较而言，加强对固定性经营前两种形式的经营场所的监督管理显得更为重要。要在全社会树立食品安全的正确观念，引导消费者进入集中经营场所购买安全

食品。

　　对食品生产加工小作坊、食品摊贩等的监督管理，因其分散性经营的特点而难度很大，但是对我国目前大量存在的食品生产加工小作坊、食品摊贩等进行监督管理，又是无法回避的问题。若对食品生产加工小作坊、食品摊贩等进行单独的监督管理，势必导致监督管理不足以及对食品生产加工小作坊、食品摊贩等的要求过高。因此，《食品安全法》应清晰区分规模化食品企业和食品生产加工小作坊、食品摊贩等的食品安全标准，只有由各省、自治区和直辖市制定食品生产加工小作坊、食品摊贩等的地方性法规，才能统一把握规范标准。

　　由此，可以改换路径，将食品生产加工小作坊的管理纳入流通领域的整体监督管理和市场经济的环境。首先，加大对超市、农贸市场等主体的监督管理，确保食品安全，将消费者逐渐导向正规市场，尽量远离食品生产加工小作坊。其次，将食品生产加工小作坊的监督管理与超市、农贸市场等主体的监督管理相结合。由于食品生产加工小作坊与超市、农贸市场存在依赖关系，很多超市、农贸市场的食品安全问题直接或间接地来自食品生产加工小作坊，超市、农贸市场加强对食品生产加工小作坊进货的监督管理，也就起到了监督管理食品生产加工小作坊的作用。再次，加强对超市、农贸市场等的主体监督管理的法律规制，也是间接地利用市场规律，逐渐淘汰不符合食品安全标准的食品生产加工小作坊。超市、农贸市场等不敢接纳食品安全不达标的食品生产加工小作坊，食品生产加工小作坊就只能在其他区域独自经营，成本、客源等因素可以逐步使其被市场淘汰。最后，加强超市、农贸市场自身食品安全监督管理的法律责任和规制，减轻行政监督管理部门对超市、农贸市场的监督管理责任和压力，可以使其有能力负责食品生产加工小作坊、食品摊贩的监督管理。

第五节　流通领域食品安全责任保险的完善

一、我国食品安全责任保险的现状

（一）法律层面

中央政府和地方政府正在积极制定法律法规指导食品安全责任保险的

实践。例如,《食品安全法》第四十三条第二款鼓励食品生产经营企业参加食品安全责任保险,国务院食品安全办、食品药品监督管理总局和保监会下发《关于开展食品安全责任保险试点工作的指导意见》,湖南省下发《关于开展食品安全责任强制保险试点工作的指导意见》,山西省下发《山西省食品药品安全责任保险制度试点工作实施方案》,河北省下发《关于印发河北省食品安全责任保险试点工作指导意见》,湖北省下发《关于印发湖北省食品安全责任保险试点工作实施方案的通知》,浙江省下发《浙江省开展食品安全责任保险试点工作指导意见》等。

(二)实践层面

全国各地纷纷开展食品安全责任保险的试点工作。例如,1986 年上海市保险公司开始办理的饮食业食物中毒责任保险应该是我国最早的食品安全责任保险。2008 年 7 月,扬州市食品经营者与江苏省长安保险公司签订了商品责任保险。2013 年 11 月,山西省食品药品监督管理局与中国人民财产保险股份有限公司山西省分公司开展了食品安全责任保险合作。2014 年 9 月,湖南省食品药品监督管理局与中国人民财产保险股份有限公司湖南省分公司开展了食品安全责任保险合作等。

二、建立食品安全责任保险的意义

(一)恢复消费者对国内食品的信心

国内民众开始通过各种途径购买海外产品以规避食品安全风险,海外抢购奶粉便是明证,这甚至引起了相关国家和地区的不满。建立我国食品安全责任险将有效地提高民众的安全感。

(二)补偿受害者的损失,维护社会的稳定

食品安全案涉及的如果是大规模侵权事件,受害者往往众多。食品经营企业在财力上难以足额赔偿最终可能导致其破产,而受害者则流血又流泪。如果食品经营企业购买了食品安全责任保险,将食品安全风险部分转移给保险企业,其破产的可能性将大大降低,而消费者则同时能够得到保险公司和食品经营企业的双重保障。

(三)增加食品经营企业的管理水平

设立食品安全责任保险后,保险公司将评估食品经营企业的风险状况,并按照风险水平调整保险费率。食品经营企业管理水平高,控制食品安全风险能力强，相应的保险费率也将降低。同时，保险费率低也将提高消费者对该食品企业的信心，这最终将反映到企业的销售收入上。因此，食品安全责任保险将极大地激励食品生产经营企业加强管理。

（四）增加保险公司的利润

人保、华安、长安等保险公司积极参与食品安全责任保险，在食品生产、加工、销售、消费各环节上探索开发了保险产品超过30余种，为自身寻找新的利润增长点。食品行业是一个产值达到10亿元以上的行业，食品安全又是关系千家万户的事情，应该说保险公司大有可为。

三、食品安全责任保险的国际经验及借鉴

（一）美国的经验

美国未对食品安全责任保险采取强制的手段，而是采取自愿的方式。但是美国的食品生产经营企业出于自身的风险管理要求，往往会购买食品安全责任保险。另外美国的商业企业往往要求其供应商提供产品责任保险保单。因此，美国的食品生产经营企业投保率非常高，并不需要政府的强制。

（二）英国的经验

英国的食品安全责任保险也是采取自愿的商业运作方式，但是有逐步强制购买的趋势。保险公司积极参与食品生产经营企业的风险管理工作，极大地降低了食品安全事故。

（三）借鉴

目前我国流通领域食品经营者可以采用自愿的方式购买食品安全责任保险。具体可通过地方立法的形式推进，等时机成熟，再通过中央立法的形式确立。

四、建立食品安全责任保险制度的具体措施

（一）法律支撑

食品安全责任保险制度的推行要有法律或者行政法规做支撑。考虑到现实情况，目前国家还难以制定相关法律，《食品安全法》也只是规定国家鼓励食品生产经营企业参加食品安全责任保险，难以做到强制实施。因此，应该分步骤完善法律。首先制定行政法规，试点食品安全责任保险。

目前浙江、湖北、湖南、山西和河北等省已经开始试点工作，并取得了良好的效果。其次通过地方人大立法。随着试点工作的开展，地方人大可考虑通过地方立法强制推行食品安全责任保险。最终在全国立法。全国人大将《食品安全法》第四十三条第二款规定国家鼓励食品生产经营企业参加食品安全责任保险改为食品生产经营企业须参加食品安全责任保险。

（二）分领域实施

根据实施方式可以将食品安全责任保险分为强制保险和半强制保险。针对不同领域的食品，应该采用不同的保险实施方式。第一，对于基础性的保险产品，应该采用强制的实施方式。粮食、水果、蔬菜、牛奶和食用油等基础性产品属于人们日常食用和必不可少的，经济学认为其属于必需品，必须采用强制的实施办法。因为这类产品一旦发生食品安全风险，将严重损害民众的人身安全。因此，应该由政府参照交强险的方式强制食品生产经营企业参加食品安全责任保险。食品安全责任保险实行全国统一收费标准，由国家统一规定。第二，对于其他产品，则采用半强制的实施方式。对于饮料、糖果、坚果和营养品等不属于必需品的其他食品，可采用半强制的实施方式。对这类食品可采用市场化的原则，由食品生产经营企业和保险公司签订保险合同，具体的保费双方协商，但是企业必须购买食品安全责任保险。保额高的食品补偿也会高，保额低的食品补偿也会低。相信随着我国经济的飞速发展和民众的生活水平的不断提高，食品生产经营企业将会购买保额较高的食品安全责任保险。

（三）分规模实施

我国的食品生产经营者既有大中型企业又有小微企业，还有自然人个体，采取"一刀切"的方式，要求全体食品生产经营者在同一时间参加食品安全责任保险，显然是不现实的，因此应该分规模实施。首先要求大中型企业建立食品安全责任保险制度。大中型企业实力雄厚、技术领先、管理水平高、风险控制能力强，建立食品安全责任保险制度应该没有什么困难。其次要求小微企业在过渡期内建立食品安全责任保险制度。小微企业实力较弱、技术一般、管理水平不高、风险控制能力弱，如果贸然实施食品安全责任保险制度，则很有可能导致大量小微企业退出食品生产经营领域，因此应该给予其一段时间的过渡期。小微企业也可以通过行业协会统一参加食品安全责任保险，增强抵抗食品安全风险的能力。最后对于自然人个体，政府应引导其转变为企业。例如，农民是食品的重要供给者，应该采用成立农场、互助社等形式参加食品安全责任保险。对于城市的自然人个体，则应采取成立企业的形式参加食品安全责任保险。

（四）分地区实施

我国东部较为发达，因此，应该鼓励东部发达地区先行建立食品安全责任保险制度。例如，浙江省在建立食品安全责任保险制度方面走在全国前列。截至 2015 年 9 月底，全省投保单位共 5 038 家，保险公司实现保费收入 1 493.47 万元，保单金额达到了约 59 亿元，保费比去年同期增长 5 倍多，全省累计理赔 9 起，理赔金额 5.27 万元。2015 年初，浙江省食安办、省食品药品监督管理局、省金融办，浙江保监局联合出台《浙江省开展食品安全责任保险试点工作指导意见》，有力地推动了食品安全责任保险的试点工作。我国西部地区经济较不发达，若强制要求其建立食品安全责任保险制度，必将增加当地企业的负担，因此应该采用自愿的原则，鼓励食品生产经营企业参加食品安全责任保险。随着经济的发展，再逐步强制建立食品安全责任保险制度。

参考文献

（一）期刊

[1] 陈爱亮. 食品安全快速检测技术现状及发展趋势 [J]. 食品安全质量检测学报, 2021 (2): 411-414.

[2] 陈金玲. 我国流通领域食品经营者的食品安全法律规制研究 [J]. 宏观经济研究, 2017 (2): 30-38.

[3] 陈金玲. 我国流通领域市场经营者食品安全法律责任研究 [J]. 燕山大学学报 (哲学社会科学版), 2023 (3): 72-77.

[4] 陈玲, 黄晨. 食品安全惩罚性赔偿责任竞合的选择适用 [J]. 人民司法, 2014 (8): 19-22.

[5] 陈蓉芳, 李洁. 欧盟食品安全监管体系研究及启示 [J]. 上海食品药品监管情报研究, 2010 (6): 1-4.

[6] 陈松涛. 食品损害民事责任体系优化研究: 兼论现行《食品安全法》相关条款的修改 [J]. 中国政法大学学报, 2022 (2): 183-192.

[7] 陈婷. 我国食品安全现状, 问题及对策研究 [J]. 食品安全导刊, 2019 (15): 16.

[8] 崔晓丽. 食品安全领域检察民事公益诉讼惩罚性赔偿机制研究 [J]. 中国检察官, 2020 (10): 54-58.

[9] 邓刚宏. 构建食品安全社会共治模式的法治逻辑与路径 [J]. 南京社会科学, 2015 (2): 97-102.

[10] 董泽华. 论我国食品安全责任强制保险法律制度的构建 [J]. 法学杂志, 2015 (1): 123-132.

［11］都玉霞. 完善食品安全中的政府监管法律责任［J］. 政法论丛，2012（6）：89-94.

［12］杜国明. 论《食品安全法》的民事责任制度［J］. 广西社会科学，2011（5）：68-72.

［13］杜国明. 我国食品安全民事责任制度研究：兼评《中华人民共和国食品安全法（修订草案）》［J］. 政治与法律，2014（8）：23-29.

［14］樊永祥. 国际食品法典标准对建设我国食品安全标准体系的启示［J］. 中国食品卫生杂志，2010，22（2）：121-129.

［15］范世乾. 在法治框架内完善流通领域食品安全监管［J］. 工商行政管理，2010（24）：36-37.

［16］范雪珂. 危害食品安全罪：法益与立法完善［J］. 政治与法律，2019（6）：141-148.

［17］冯俊伟. 行政执法证据进入刑事诉讼的规范分析［J］. 法学论坛，2019（2）：127.

［18］高凛. 我国食品安全社会共治的困境与对策［J］. 法学论坛，2019（5）：96-104.

［19］高薇. 网络交易中的私人纠纷解决：类型与特性［J］. 政法论坛，2013（5）：123-133.

［20］高燕竹. 食品安全法中的惩罚性赔偿责任承担［J］. 法律适用，2019（24）：70-76.

［21］高原，王怀明. 政府食品安全规制嵌入机制的构建研究［J］. 宏观经济研究，2015（11）：39-46.

［22］龚央维. 对当前流通环节食品安全监管长效机制建设的若干思考［J］. 工商行政管理，2011（17）：63-65.

［23］郭燕茹. 我国食品安全监管的症结及其出路［J］. 社会科学家，2013（8）：79-82.

［24］韩洪今. 网络交易平台提供商的法律定位［J］. 当代法学，2009（2）：99-103.

［25］韩忠伟，刘玉基. 从分段监管转向行政权力平衡监管：我国食品安全监管模式的构建［J］. 法学杂志，2009（6）：142-144.

［26］何立胜，杨志强. 食品安全规制的困境：泛滥与缺失［J］. 河南

师范大学学报（哲学社会科学版），2014（3）：20-25.

［27］侯印. 完善食品安全案件查办制度发挥行政处罚惩戒作用［J］. 工商行政管理，2011（21）：56.

［28］胡弘弘. 食品安全需多方共治［J］. 人民论坛，2017（21）：60-62.

［29］胡建萍. 民事司法视角的维护食品安全［J］. 中国审判，2011（68）：50-51.

［30］黄薇.《食品安全法》解读［J］. 法学杂志，2009（6）：142-144.

［31］冀玮. 论《食品安全法》"累加处罚"条款的法律适用［J］. 行政法学研究，2019（5）：60-72.

［32］冀玮. 市场监管中的"安全"监管与"秩序"监管：以食品安全为例［J］. 中国行政管理，2020（10）：14-20.

［33］姜大鑫. 基于云计算的食品安全监管信息化建设［J］. 食品安全导刊，2017（9）：18.

［34］姜柯. 流通环节食品经营者履行法定责任义务的现状和对策［J］. 工商行政管理，2011（17）：61-62.

［35］解志勇，李培磊. 我国食品安全法律责任体系的重构：政治责任、道德责任的法治化［J］. 国家行政学院学报，2011（4）：71-75.

［36］金晓伟，冷思伦. 刑事附带民事公益诉讼中的惩罚性赔偿制度完善研究：从危害食品安全领域的576份裁判文书切入［J］. 中国人民公安大学学报（社会科学版），2023（2）：47-60.

［37］李芳，王煜. 食品安全责任保险模式研究［J］. 保险研究，2015（9）：51-64.

［38］李静. 食品安全的合作共治：日本经验与中国路径［J］. 理论月刊，2019（4）：91-97.

［39］李可，张滨. 食品安全法惩罚性赔偿条款适用研究：以食品营养标签标示错误行为为例［J］. 湖南社会科学，2022（6）：124-133.

［40］李兰英. 也论食品安全监管渎职罪的责任认定［J］. 法学评论，2013（3）：120-126.

［41］李杉杉. 生产、销售不符合安全标准食品罪入罪标准研究［J］. 中国检察官，2018（2）：26.

[42] 李响. 食品安全诉讼当中的惩罚性赔偿研究 [J]. 北京社会科学, 2013 (4): 87-91.

[43] 李响. 我国食品安全法"十倍赔偿"规定之批判与完善 [J]. 法商研究, 2009 (6): 42-49.

[44] 栗永乐. 流通领域食品安全监管中的常见问题及应对建议 [J]. 食品安全导刊, 2023 (9): 1-3.

[45] 廉恩臣. 欧盟食品安全法律体系评析 [J]. 政法论丛, 2010 (2): 95-100.

[46] 林飞翔. 网络食品安全监管体系构建 [J]. 人民论坛, 2019 (21): 122-123.

[47] 刘斌, 李力立. 浅析网络交易监管的长效机制问题及对策 [J] 上海商学院学报, 2012 (1): 6-9.

[48] 刘大洪, 段宏磊. 消费者保护领域惩罚性赔偿的制度嬗变与未来改进 [J]. 法律科学 (西北政法大学学报), 2016 (4): 114-123.

[49] 刘大洪. 论经济法上的市场优先原则: 内涵与适用 [J]. 法商研究, 2017 (2): 82-90.

[50] 刘丹松. 当前食品安全监管法律实践问题研究与分析 [J]. 当代法学, 2012 (2): 156-160.

[51] 刘道远. 食品安全监管法律责任研究 [J]. 河南大学学报 (社会科学版), 2012 (4): 61-66.

[52] 刘家宽. 加强源头监管是流通领域食品安全的关键 [J]. 中国食品药品监管, 2015 (4): 76.

[53] 刘净. 食品安全犯罪的刑事立法若干问题研究 [J]. 法学杂志, 2010 (11).

[54] 刘俊海. 论食品安全监管的制度创新 [J]. 法学论坛, 2009 (3): 5-10.

[55] 刘鹏, 孙燕茹. 中国食品安全责任强制保险的制度分析与流程设计 [J]. 武汉大学学报 (哲学社会科学版), 2014 (4): 111-116.

[56] 刘水林. 从个人权利到社会责任: 对我国《食品安全法》的整体主义解释 [J]. 现代法学, 2010 (3): 32-47.

[57] 刘水林. 消费者公益诉讼中的惩罚性赔偿问题 [J]. 法学, 2019

（8）：62-74.

　　[58] 卢建平. 风险社会的刑事政策与刑法 [J]. 法学论坛, 2011
（7）：21-25.

　　[59] 卢玮. 食品安全责任保险立法模式的比较与选择 [J]. 法学,
2015（8）：73-83.

　　[60] 罗英. 论我国食品安全自我规制的规范构造与功能优化 [J]. 当
代法学, 2018（1）：58-67.

　　[61] 马英娟, 刘振宇. 食品安全社会共治中的责任分野 [J]. 行政法
学研究, 2016（6）：15-29.

　　[62] 马英娟. 走出多部门监管的困境：论中国食品安全监管部门间
的协调合作 [J]. 清华法学, 2015, 9（3）：35-55.

　　[63] 聂文静. 供港食品安全监管模式的启迪与意义 [J]. 南京医科大
学学报（社会科学版）, 2013（2）：31-35.

　　[64] 彭飞荣. 风险与法律：食品安全责任的分配如何可能 [J]. 西南
政法大学学报, 2008（2）：43-48.

　　[65] 彭凤莲. 食品安全社会共治的刑法学分析 [J]. 法学杂志, 2018
（2）：98-107.

　　[66] 彭长华, 吴可欣. 新时代我国食品安全风险治理理路 [J]. 贵州
社会科学, 2023（5）：114-119.

　　[67] 齐爱民, 陈琛. 论网络交易平台提供商之交易安全保障义务
[J]. 法律科学（西北政法大学学报）, 2011（5）：67-74.

　　[68] 任智华. 日本食品安全监督管理体系现状分析 [J]. 农业经济,
2010（6）：93-94.

　　[69] 沈小军. 食品安全案件审理中法官的适度谦抑 [J]. 法学, 2018
（2）：182-192.

　　[70] 石佳友. 治理体系的完善与民法典的时代精神 [J]. 法学研究,
2016（1）：4.

　　[71] 舒洪水. 论我国食品安全犯罪行刑衔接制度之建构 [J]. 华东政
法大学学报, 2016（3）：122-133.

　　[72] 舒洪水. 食品安全犯罪主客观方面的司法证明 [J]. 法律科学
（西北政法大学学报）, 2023（4）：154-164.

［73］宋慧宇. 论政府监管权规范运行的制度完善：以食品安全监管为例［J］. 行政与法，2013（9）：27-31.

［74］宋慧宇. 食品安全激励性监管方式研究［J］. 长白学刊，2013（1）：93.

［75］宋亚辉. 食品安全标准的私法效力及其矫正［J］. 清华法学，2017（2）：155-175.

［76］宋衍涛，卫旋. 在食品安全管理中加强我国行政问责制建设［J］. 中国行政管理，2012（12）：56-58.

［77］隋洪明. 我国食品安全制度检讨与重构：以《食品安全法》颁布为背景［J］. 法学论坛，2009（3）：19-25.

［78］孙效敏. 论《食品安全法》立法理念之不足及其对策［J］. 法学论坛，2010（1）：105-111.

［79］谭智心. 发达国家和地区政府食品安全监管的主要做法［J］. 世界农业，2013（11）：1-5.

［80］王常伟，顾海英. 我国食品安全规制趋向：一个概述性的思考［J］. 江南大学学报（人文社会科学版），2014（1）：118-123.

［81］王晨光. 食品安全法制若干基本理论问题思考［J］. 法学家，2014（1）：37-43.

［82］王虎平. 食品安全治理机制完善研究［J］. 食品安全导刊，2023（4）：28-30.

［83］王可山，苏昕. 我国食品安全政策演进轨迹与特征观察［J］. 改革，2018（2）：31-44.

［84］王可山. 食品安全政府监管的困境与对策研究［J］. 宏观经济研究，2012（7）：68-71.

［85］王雷. 惩罚性赔偿的证明难题及其缓解［J］. 国家检察官学院学报，2020（4）：149-161.

［86］王利明. 民法典：国家治理体系现代化的保障［J］. 中外法学，2020（4）：856-858.

［87］王诗华. 审视与展望：我国食品安全领域行刑衔接问题研究［J］. 河南社会科学，2022（4）：55-64.

［88］王炜，张源. 民法典背景下食品安全民事公益诉讼若干问题探

析〔J〕.中国检察官.2021（2）：54-58.

［89］王星.关于食品安全监管体制的缺陷与完善分析〔J〕.食品安全导刊，2020（27）：46.

［90］王秀清，孙云峰.我国食品场上的质量信号问题〔J〕.中国农村经济，2002，（5）：27-32.

［91］王玉辉.21世纪日本食品安全监管体制的新发展及启示〔J〕.河北法学，2016（6）：136-147.

［92］王毓莹.食品药品民事纠纷案件审理中的重点与难点问题〔J〕.法律适用，2014（3）：43-47.

［93］王云海.日本的刑事责任、民事责任、行政责任的相互关系〔J〕.中国刑事法杂志，2014（4）：137-143.

［94］韦彬，林丽玲.网络食品安全监管：碎片化样态、多维诱因和整体性治理〔J〕.中国行政管理，2020（12）：27-32.

［95］吴林海，陈宇环，尹世久.中国食品安全战略：科学内涵、战略目标与实施路径〔J〕.江西社会科学，2022（2）：112-123.

［96］吴玉萍.食品安全犯罪之刑罚配置：以民生刑法为视角〔J〕.政法论丛，2014（4）.

［97］吴元元.信息基础，声誉机制与执法优化：食品安全治理的新视野〔J〕.中国社会科学，2012，（6）：115-133.

［98］夏勇.民生风险的刑法应对〔J〕.法商研究，2011（4）：6-10.

［99］肖峰.我国食品安全制度与责任保险制度的冲突及协调〔J〕.法学，2017（8）：123-131.

［100］肖萍，杨彬.食品安全风险治理之行政程序研究：以"第三代"行政程序的兴起为线索〔J〕.法学论坛，2021（6）：61-71.

［101］肖兴志，胡艳芳.中国食品安全监管的激励机制分析〔J〕中南财经政法大学学报，2010（1）：35-39.

［102］熊樟林.行政处罚的目的〔J〕.国家检察官学院学报，2020（5）：32-48.

［103］徐芳，李领臣.公益诉讼惩罚性赔偿制度的困境及破解〔J〕.人民检察，2020（22）：12-16.

［104］徐海燕.论《食品安全法》中的新型民事责任〔J〕.法学论

坛，2009（5）：11-18.

［105］徐尉. 日本食品安全管理及对我国的启示 ［J］. 中国检察官，2011（12）：38-40.

［106］徐跃成，陈燕，文永勤. 欧盟食品安全监管控制程序解析 ［J］. 食品研究与开发，2011，32（17）：179-182.

［107］杨科雄. 行政责任与刑事责任竞合的处理 ［J］. 人民司法，2014（9）：70-71.

［108］杨立新. 网购食品平台责任对网络交易平台责任一般规则的补充 ［J］. 福建论坛（人文社会科学版），2016（10）：151-158.

［109］杨小敏. 食品安全社会共治原则的学理建构 ［J］. 法学，2016（8）：117-125.

［110］杨寅. 论我国食品安全领域的行刑衔接制度 ［J］. 法学评论，2021，39（3）：130-139.

［111］姚敏. 消费民事公益诉讼请求的类型化分析 ［J］. 国家检察官学院学报，2019（3）：158.

［112］易勇，崔洪涛，蒋丛林，王刚，宋建新，王龙，李暗柳，闫滨，李文魁. 流通环节食品安全监管面临的形势与对策 ［J］. 工商行政管理，2011（17）：70-73.

［113］于海纯. 我国食品安全责任强制保险的法律构造研究 ［J］. 中国法学，2015（3）：244-264.

［114］于杨曜. 比较与借鉴：美国食品安全监管模式特点以及新发展 ［J］. 华东理工大学学报（社会科学版），2012（1）：73-81.

［115］袁玉伟、陈振德、柳伟英. 食品标识制度与食品安全控制 ［J］. 食品科技，2004，7：6-7.

［116］翟墨. 食品安全法中十倍赔偿的案由确定和归责原则 ［J］. 人民司法，2011（6）：23-26.

［117］张蓓，马如秋，刘凯明. 新中国成立70周年食品安全演进、特征与愿景 ［J］. 华南农业大学学报（社会科学版），2020（1）：88-102.

［118］张聪. 2020年国家市场监督管理总局食品安全监管措施概述 ［J］. 食品安全导刊，2020（34）：24-25.

［119］张德军. 刑法规制危害食品安全犯罪的系统论思考 ［J］. 中州

学刊，2015（1）：61-67.

[120] 张锋. 网络食品安全治理机制完善研究 [J]. 兰州学刊，2021（10）：124-132.

[121] 张红凤，陈小军. 我国食品安全问题的政府规制困境与治理模式重构 [J]. 理论学刊，2011（7）：63-67.

[122] 张明楷."风险社会"若干刑法理论问题反思 [J]. 法商研究，2011（5）：83-94.

[123] 张明楷. 行政违反加重犯初探 [J]. 中国法学，2007（6）：62-67.

[124] 张松杨. 基层食品安全监管现状问题与对策研究 [J]. 中国食品药品监管，2013（9）：36-39.

[125] 张伟珂. 论行政执法与刑事司法衔接立法：现状、趋势与框架 [J]. 公安学研究，2020（6）：42.

[126] 张晓勇，耿智霞. 论食品安全纠纷解决机制的完善 [J]. 法学杂志，2009（8）：75-77.

[127] 张旭. 民事责任、行政责任和刑事责任：三者关系的梳理与探究 [J]. 吉林大学社会科学学报，2012（2）：54-60.

[128] 张叶. 困境与突破：食品安全行政执法与刑事司法顺畅衔接 [J]. 山东警察学院学报，2014（4）：118-121.

[129] 章志远. 食品安全有奖举报制度之法理基础 [J]. 北京行政学院学报，2013（2）：89-92.

[130] 赵娟. 制度实施的激励机制：中国食品安全监管困境的一个解释框架 [J]. 华中师范大学学报（人文社会科学版），2019（5）：85-93.

[131] 赵学刚. 统一食品安全监管：国际比较与我国的选择 [J]. 中国行政管理，2009（3）：103-107.

[132] 赵忠学. 回顾与思考：我国食品安全信用档案制度述评. 中国食品药品监管，2020（5）：5-13.

[133] 周如琪. 新形势下食品安全监管执法的新思路：加强融合，注重实效 [J]. 食品安全导刊，2020（27）：28.

[134] 周佑勇. 行政执法与刑事司法的双向衔接研究：以食品安全案件移送为视角 [J]. 中国刑事法杂志，2022（4）：47-63.

［135］周玉峰. 新监管模式下食品安全监管与食品检验机构发展的对策研究［J］. 现代食品, 2020（24）: 165-167.

［136］朱广新. 惩罚性赔偿制度的演进与适用［J］. 中国社会科学, 2014（3）: 104-124.

［137］朱京安, 王鸣华. 中国食品安全法律体系研究: 以欧盟食品安全法为鉴［J］. 法学杂志, 2011（11）: 215-218.

［138］朱珍华, 刘道远. 食品安全监管视角下的民事责任制度研究［J］. 法学杂志, 2012（11）: 84-89.

［139］曾祥华. 食品安全监管主体的模式转换与法治化［J］. 西南政法大学学报, 2009（1）: 22-30.

［140］CATHERINE M SHARKEY. Punitive damages as social damages［J］. Yale Law Journal, 2003（113）: 48.

［141］HELMUT KOZIOL. Punitive damages: a european perspective［J］. 2008, 68（3）: 741-752.

［142］HIRSCHAUER N, MIROSLAVA B. Advancing consumer protection through smart food safety regulation［J］. European Food and Feed Law Review（EFFL）, 2014, 9（2）: 91-104.

［143］KREBS J. Establishing a single, independent food standards agency: the united kingdom's experience［J］. Food and Drug Law Journal, 2004, 59（3）: 389-397.

［144］MARTINEZ M G, FEARNE A, CASWELL J A. Co-regulation as a possible model for food safety governance: opportunities for public-private partnerships［J］. Food policy, 2007, 32（3）: 299-314.

［145］OLDFIED M. Enactment of the food safety modernization act［J］. European Journal of Risk Regulation（EJRR）, 2015, 6（4）: 488-501.

［146］SAMANTHA B MEYER, et al. In the interest of food safety: a qualitative study investigating communication and trust between food regulators and food industry in the UK, Australia and New Zealand［J］. BMC Public Health, 2017, 17（1）: 1-13.

［147］SERENCES R, RAJCANIOVA M. Food safety-public good［J］. Agricultural Economics, 2007, 53（8）: 385-391.

[148] STARBIRD S A. Designing food safety regulations: the effect of inspection policy and penalties for noncompliance on food processor behavior [J]. Journal of Agriculture and Resource Economics, 2000, 25 (2): 615-635.

[149] VERBRUGGEN P, HAVINGA T. Food safety meta-controls in the netherlands [J]. European Journal of Risk Regulation (EJRR), 2015, 6 (4): 512-524.

[150] VOORT H V D. Co-regulatory failure in the food industry [J]. European Journal of Risk Regulation (EJRR), 2015, 6 (4): 502-511.

[151] YAPP C, FAIRMAN R. Factors affecting food safety compliance within small and medium-sized enterprises: implications for regulatory and enforcement strategies [J]. Food Control, 2006, 17 (1): 42-51.

(二) 著作

[1] 陈彦彦. 农产品质量安全法律制度研究 [M]. 北京: 中国农业大学出版社, 2006.

[2] 程景民. 中国食品安全监管体制运行现状和对策研究 [M]. 北京: 军事医学科学出版社, 2013.

[3] 杜立群编著. 我国的食品安全问题 [M]. 北京: 中国财政经济出版社, 2012.

[4] 费威. 供需失衡下食品安全监管机制研究 [M]. 北京: 人民出版社, 2018.

[5] 国家食品药品监督管理局政策法规司、中国人民大学法学院组织编写. 食品药品监管复议诉讼典型案例评析 [M]. 北京: 中国医药科技出版社, 2012.

[6] 国家质检总局产品质量监督司. 食品生产加工企业质量安全监督管理办法条文释义 [M]. 北京: 中国标准出版社, 2003.

[7] 胡颖廉. 食品安全治理的中国 [M]. 北京: 经济科学出版社, 2017.

[8] 黄昆仑, 许文涛. 食品安全案例解析 [M]. 北京: 科学出版社, 2013.

[9] 黄星. 中国食品安全刑事概论 [M]. 北京: 法律出版社, 2013.

［10］冀玮，明星星. 食品安全法实务精解与案例指引［M］. 北京：中国法制出版社，2016.

［11］李昌麒. 食品安全法律规制研究［M］. 厦门：厦门大学出版社，2006.

［12］李洪生. 食品流通安全监督管理与实务［M］. 北京：中国劳动社会保障出版社，2010.

［13］李锐，吴林海，尹世久，等. 中国食品安全发展报告2017［M］. 北京：北京大学出版社，2017.

［14］李文生，李忠诚. 危害食品药品安全渎职案件侦查方略［M］. 北京：中国检察出版社，2013.

［15］廖斌，张亚军. 食品安全法律制度研究［M］. 北京：中国政法大学出版社，2013.

［16］刘惠，胡小松. 我国农副产品批发市场发展战略和流通领域食品安全准入体系研究［M］. 北京：中国社会出版社，2008.

［17］刘慧萍. 农产品质量安全法律规制及保障机制构建研究［M］. 北京：中国农业出版社，2013.

［18］刘鹏. 中国食品安全从监管走向治理［M］. 北京：中国社会科学出版社，2017.

［19］刘亚平. 走向监管国家：以食品安全为例［M］. 北京：中央编译出版社，2011.

［20］刘艳红，周佑勇. 行政刑法的一般理论［M］. 2版. 北京：北京大学出版社，2020.

［21］罗豪才，湛中乐. 行政法学［M］. 3版. 北京：北京大学出版社，2012.

［22］罗云波，吴广枫. 食品安全管理学［M］. 北京：科学出版社，2023.

［23］内斯特尔. 食品安全［M］. 程池，译. 北京：社会科学文献出版社，2004.

［24］倪楠，舒洪水，苟震. 食品安全法研究［M］. 北京：中国政法大学出版社，2016.

［25］倪楠. 食品安全法研究［M］. 北京：法律出版社，2013.

［26］农业部农产品质量安全监管局、农业部管理干部学院. 农产品质量安全监管创新与实践［M］. 北京：法律出版社，2013.

［27］彭少杰. 食品安全监督管理概览［M］. 上海：华东理工大学出版社，2023.

［28］戚建刚. 共治型食品安全风险规制研究［M］. 北京：法律出版社，2017.

［29］齐爱民. 电子商务法原论［M］. 武汉：武汉大学出版社，2010.

［30］冉翚. 食品安全刑事规制研究［M］. 北京：法律出版社，2013.

［31］阮赞林. 食品安全法原理［M］. 上海：华东理工大学出版社，2016.

［32］苏浦霞. 中外食品安全监管体制比较研究［M］. 北京：中国政大学出版社，2014.

［33］孙宝国，周应恒. 中国食品安全监管策略研究［M］. 北京：科学出版社，2013.

［34］孙前进. 流通领域食品安全体系建设.［M］. 北京：中国物资出版社，2012.

［35］唐民皓. 食品药品安全与监管政策研究报告［M］. 北京：社会科学文献出版社，2013.

［36］王贵松. 日本食品安全法研究［M］. 北京：中国民主法制出版社，2009.

［37］王辉霞. 食品安全多元治理法律机制研究［M］. 北京：知识产权出版社，2012.

［38］王利民. 民法本论［M］. 大连：东北财经大学出版社，2000.

［39］王胜利，周海鸥. 中美畜产食品安全监管比较研究［M］. 北京：人民出版社，2010.

［40］王世平. 食品安全监测技术［M］. 北京：中国农业大学出版社，2009.

［41］王硕，等. 我国食品安全风险防控研究［M］. 北京：经济科学出版社，2016.

［42］王小平. 商品流通学［M］. 北京：中国人民大学出版社，2011.

［43］王艳林. 食品安全法概论［M］. 北京：中国计量出版社，2005.

［44］王艳林.中华人民共和国食品安全法实施问题［M］.北京：中国计量出版社，2009.

［45］王志刚，等.供应链视角下食品安全管理问题研究［M］.北京：中国农业出版社，2017.

［46］王志刚.农产品批发市场交易方式的选择：理论与实践［M］.北京：中国农业科学技术出版社，2009.

［47］吴林海，陈秀娟，尹世久."舌尖上"的安全：从田头到餐桌的风险治理［M］.北京：中国农业出版社，2019.

［48］吴林海，钱和，等.中国食品安全发展报告2012［M］.北京：北京大学出版社，2012.

［49］吴林海，王建华，朱淀，等.中国食品安全发展报告2013［M］.北京：北京大学出版社，2013.

［50］吴林海，徐玲玲，尹世久，等.中国食品安全发展报告2015［M］.北京：北京大学出版社，2016.

［51］吴林海，尹世久，牛亮云.食品安全风险治理的中国道路［M］.北京：中国农业出版社，2021.

［52］吴林海，尹世久，王建华，等.中国食品安全发展报告2014［M］.北京：北京大学出版社，2014.

［53］吴澎.食品安全典型案例解析［M］.北京：化学工业出版社，2023.

［54］吴小丁，矢作敏行，等.商品流通论［M］.2版.北京：科学出版社，2013.

［55］希尔茨.保护公众健康［M］.姚明威，译.北京：中国水利水电出版社，2009：17.

［56］信春鹰.中华人民共和国食品安全法解读［M］.北京：中国法制出版社，2015.

［57］徐立青，孟菲.中国食品安全研究报告［M］.北京：科学出版社，2012.

［58］旭日干，庞国芳.中国食品安全现状、问题及对策战略研究［M］.北京：科学出版社，2015.

［59］杨立新.侵权责任法［M］.北京：法律出版社，2010.

［60］尹世久，李锐，吴林海，陈秀娟等. 中国食品安全发展报告 2018［M］. 北京：北京大学出版社，2019.

［61］尹世久，吴林海，王晓莉，等. 中国食品安全发展报告 2016［M］. 北京：北京大学出版社，2017.

［62］于慧丽. 食品安全问题及其治理研究［M］. 西安：陕西人民出版社，2022.

［63］于江华. 食品安全法［M］. 北京：对外经贸大学出版社，2010.

［64］原英群，于始. 食品安全：全球现状与各国对策［M］. 北京：世界图书出版公司，2011.

［65］臧冬斌. 食品安全法律控制研究［M］. 北京：科学出版社，2013.

［66］张明楷. 刑法学［M］. 6 版. 北京：法律出版社，2021：157.

［67］张伟珂. 食品安全行刑衔接机制的理论与实践［M］. 北京：法律出版社，2017：168.

［68］张文显. 法理学［M］. 北京：高等教育出版社，北京大学出版社，1999.

［69］张晓梅. 中国惩罚性赔偿制度的反思与重构［M］. 上海：上海交通大学出版社，2015.

［70］张亚军. 风险社会下我国食品安全监管及刑法规制［M］. 北京：中国人民公安大学出版社，2012.

［71］张玉香. 中国农产品质量安全管理理论、实践与发展对策［M］. 北京：中国农业出版社，2005.

［72］张志健. 食品安全导论［M］. 北京：化学工业出版社，2014.

［73］赵福江，罗承炳，孙明. 食品安全法律保护热点问题研究［M］. 北京：中国检察出版社，2012.

［74］赵学刚. 食品安全监管研究：国际比较与国内路径选择［M］. 北京：人民出版社，2014.

［75］中国食品安全报社. 中国食品安全发展报告（2021）［M］. 北京：社会科学文献出版社，2021.

［76］周白霞. 食品安全事件防范与应对［M］. 北京：中国环境出版集团，2018.

［77］周俊. 食品药品安全监控预警机制研究［M］. 北京：中国纺织出版社，2018.

［78］DREYER M. Foodsafety governance：intergrating science，precaution and public involvement［M］. Berlin：Springer，2009：143-145.

［79］JIM PHILIPS，MICHAEL FRENCH. Adulteration and food law，1899—1939［M］. Oxford：Oxford University Press，1998.

附录：《中华人民共和国食品安全法》（节选）

（根据 2021 年 4 月 29 日第十三届全国人民代表大会
常务委员会第二十八次会议第二次修正）

第四章　食品生产经营

第一节　一般规定

第三十三条　食品生产经营应当符合食品安全标准，并符合下列要求：

（一）具有与生产经营的食品品种、数量相适应的食品原料处理和食品加工、包装、贮存等场所，保持该场所环境整洁，并与有毒、有害场所以及其他污染源保持规定的距离；

（二）具有与生产经营的食品品种、数量相适应的生产经营设备或者设施，有相应的消毒、更衣、盥洗、采光、照明、通风、防腐、防尘、防蝇、防鼠、防虫、洗涤以及处理废水、存放垃圾和废弃物的设备或者设施；

（三）有专职或者兼职的食品安全专业技术人员、食品安全管理人员和保证食品安全的规章制度；

（四）具有合理的设备布局和工艺流程，防止待加工食品与直接入口食品、原料与成品交叉污染，避免食品接触有毒物、不洁物；

（五）餐具、饮具和盛放直接入口食品的容器，使用前应当洗净、消毒，炊具、用具用后应当洗净，保持清洁；

（六）贮存、运输和装卸食品的容器、工具和设备应当安全、无害，保持清洁，防止食品污染，并符合保证食品安全所需的温度、湿度等特殊要求，不得将食品与有毒、有害物品一同贮存、运输；

（七）直接入口的食品应当使用无毒、清洁的包装材料、餐具、饮具和容器；

（八）食品生产经营人员应当保持个人卫生，生产经营食品时，应当将手洗净，穿戴清洁的工作衣、帽等；销售无包装的直接入口食品时，应当使用无毒、清洁的容器、售货工具和设备；

（九）用水应当符合国家规定的生活饮用水卫生标准；

（十）使用的洗涤剂、消毒剂应当对人体安全、无害；

（十一）法律、法规规定的其他要求。

非食品生产经营者从事食品贮存、运输和装卸的，应当符合前款第六项的规定。

第三十四条　禁止生产经营下列食品、食品添加剂、食品相关产品：

（一）用非食品原料生产的食品或者添加食品添加剂以外的化学物质和其他可能危害人体健康物质的食品，或者用回收食品作为原料生产的食品；

（二）致病性微生物，农药残留、兽药残留、生物毒素、重金属等污染物质以及其他危害人体健康的物质含量超过食品安全标准限量的食品、食品添加剂、食品相关产品；

（三）用超过保质期的食品原料、食品添加剂生产的食品、食品添加剂；

（四）超范围、超限量使用食品添加剂的食品；

（五）营养成分不符合食品安全标准的专供婴幼儿和其他特定人群的主辅食品；

（六）腐败变质、油脂酸败、霉变生虫、污秽不洁、混有异物、掺假掺杂或者感官性状异常的食品、食品添加剂；

（七）病死、毒死或者死因不明的禽、畜、兽、水产动物肉类及其制品；

（八）未按规定进行检疫或者检疫不合格的肉类，或者未经检验或者检验不合格的肉类制品；

（九）被包装材料、容器、运输工具等污染的食品、食品添加剂；

（十）标注虚假生产日期、保质期或者超过保质期的食品、食品添

加剂;

（十一）无标签的预包装食品、食品添加剂；

（十二）国家为防病等特殊需要明令禁止生产经营的食品；

（十三）其他不符合法律、法规或者食品安全标准的食品、食品添加剂、食品相关产品。

第三十五条　国家对食品生产经营实行许可制度。从事食品生产、食品销售、餐饮服务，应当依法取得许可。但是，销售食用农产品和仅销售预包装食品的，不需要取得许可。仅销售预包装食品的，应当报所在地县级以上地方人民政府食品安全监督管理部门备案。

县级以上地方人民政府食品安全监督管理部门应当依照《中华人民共和国行政许可法》的规定，审核申请人提交的本法第三十三条第一款第一项至第四项规定要求的相关资料，必要时对申请人的生产经营场所进行现场核查；对符合规定条件的，准予许可；对不符合规定条件的，不予许可并书面说明理由。

第三十六条　食品生产加工小作坊和食品摊贩等从事食品生产经营活动，应当符合本法规定的与其生产经营规模、条件相适应的食品安全要求，保证所生产经营的食品卫生、无毒、无害，食品安全监督管理部门应当对其加强监督管理。

县级以上地方人民政府应当对食品生产加工小作坊、食品摊贩等进行综合治理，加强服务和统一规划，改善其生产经营环境，鼓励和支持其改进生产经营条件，进入集中交易市场、店铺等固定场所经营，或者在指定的临时经营区域、时段经营。

食品生产加工小作坊和食品摊贩等的具体管理办法由省、自治区、直辖市制定。

第三十九条　国家对食品添加剂生产实行许可制度。从事食品添加剂生产，应当具有与所生产食品添加剂品种相适应的场所、生产设备或者设施、专业技术人员和管理制度，并依照本法第三十五条第二款规定的程序，取得食品添加剂生产许可。

生产食品添加剂应当符合法律、法规和食品安全国家标准。

第四十条　食品添加剂应当在技术上确有必要且经过风险评估证明安全可靠，方可列入允许使用的范围；有关食品安全国家标准应当根据技术必要性和食品安全风险评估结果及时修订。

食品生产经营者应当按照食品安全国家标准使用食品添加剂。

第四十一条　生产食品相关产品应当符合法律、法规和食品安全国家标准。对直接接触食品的包装材料等具有较高风险的食品相关产品，按照国家有关工业产品生产许可证管理的规定实施生产许可。食品安全监督管理部门应当加强对食品相关产品生产活动的监督管理。

第四十二条　国家建立食品安全全程追溯制度。

食品生产经营者应当依照本法的规定，建立食品安全追溯体系，保证食品可追溯。国家鼓励食品生产经营者采用信息化手段采集、留存生产经营信息，建立食品安全追溯体系。

国务院食品安全监督管理部门会同国务院农业行政等有关部门建立食品安全全程追溯协作机制。

第四十三条　地方各级人民政府应当采取措施鼓励食品规模化生产和连锁经营、配送。

国家鼓励食品生产经营企业参加食品安全责任保险。

第二节　生产经营过程控制

第四十四条　食品生产经营企业应当建立健全食品安全管理制度，对职工进行食品安全知识培训，加强食品检验工作，依法从事生产经营活动。

食品生产经营企业的主要负责人应当落实企业食品安全管理制度，对本企业的食品安全工作全面负责。

食品生产经营企业应当配备食品安全管理人员，加强对其培训和考核。经考核不具备食品安全管理能力的，不得上岗。食品安全监督管理部门应当对企业食品安全管理人员随机进行监督抽查考核并公布考核情况。监督抽查考核不得收取费用。

第四十五条　食品生产经营者应当建立并执行从业人员健康管理制度。患有国务院卫生行政部门规定的有碍食品安全疾病的人员，不得从事接触直接入口食品的工作。

从事接触直接入口食品工作的食品生产经营人员应当每年进行健康检查，取得健康证明后方可上岗工作。

第四十七条　食品生产经营者应当建立食品安全自查制度，定期对食品安全状况进行检查评价。生产经营条件发生变化，不再符合食品安全要求的，食品生产经营者应当立即采取整改措施；有发生食品安全事故潜在风险的，应当立即停止食品生产经营活动，并向所在地县级人民政府食品安全监督管理部门报告。

第四十八条　国家鼓励食品生产经营企业符合良好生产规范要求，实施危害分析与关键控制点体系，提高食品安全管理水平。

对通过良好生产规范、危害分析与关键控制点体系认证的食品生产经营企业，认证机构应当依法实施跟踪调查；对不再符合认证要求的企业，应当依法撤销认证，及时向县级以上人民政府食品安全监督管理部门通报，并向社会公布。认证机构实施跟踪调查不得收取费用。

第五十二条　食品、食品添加剂、食品相关产品的生产者，应当按照食品安全标准对所生产的食品、食品添加剂、食品相关产品进行检验，检验合格后方可出厂或者销售。

第五十三条　食品经营者采购食品，应当查验供货者的许可证和食品出厂检验合格证或者其他合格证明（以下称合格证明文件）。

食品经营企业应当建立食品进货查验记录制度，如实记录食品的名称、规格、数量、生产日期或者生产批号、保质期、进货日期以及供货者名称、地址、联系方式等内容，并保存相关凭证。记录和凭证保存期限应当符合本法第五十条第二款的规定。

实行统一配送经营方式的食品经营企业，可以由企业总部统一查验供货者的许可证和食品合格证明文件，进行食品进货查验记录。

从事食品批发业务的经营企业应当建立食品销售记录制度，如实记录批发食品的名称、规格、数量、生产日期或者生产批号、保质期、销售日期以及购货者名称、地址、联系方式等内容，并保存相关凭证。记录和凭证保存期限应当符合本法第五十条第二款的规定。

第五十四条　食品经营者应当按照保证食品安全的要求贮存食品，定期检查库存食品，及时清理变质或者超过保质期的食品。

食品经营者贮存散装食品，应当在贮存位置标明食品的名称、生产日期或者生产批号、保质期、生产者名称及联系方式等内容。

第六十一条　集中交易市场的开办者、柜台出租者和展销会举办者，应当依法审查入场食品经营者的许可证，明确其食品安全管理责任，定期对其经营环境和条件进行检查，发现其有违反本法规定行为的，应当及时制止并立即报告所在地县级人民政府食品安全监督管理部门。

第六十二条　网络食品交易第三方平台提供者应当对入网食品经营者进行实名登记，明确其食品安全管理责任；依法应当取得许可证的，还应当审查其许可证。

网络食品交易第三方平台提供者发现入网食品经营者有违反本法规定行为的，应当及时制止并立即报告所在地县级人民政府食品安全监督管理部门；发现严重违法行为的，应当立即停止提供网络交易平台服务。

第六十三条　国家建立食品召回制度。食品生产者发现其生产的食品不符合食品安全标准或者有证据证明可能危害人体健康的，应当立即停止生产，召回已经上市销售的食品，通知相关生产经营者和消费者，并记录召回和通知情况。

食品经营者发现其经营的食品有前款规定情形的，应当立即停止经营，通知相关生产经营者和消费者，并记录停止经营和通知情况。食品生产者认为应当召回的，应当立即召回。由于食品经营者的原因造成其经营的食品有前款规定情形的，食品经营者应当召回。

食品生产经营者应当对召回的食品采取无害化处理、销毁等措施，防止其再次流入市场。但是，对因标签、标志或者说明书不符合食品安全标准而被召回的食品，食品生产者在采取补救措施且能保证食品安全的情况下可以继续销售；销售时应当向消费者明示补救措施。

食品生产经营者应当将食品召回和处理情况向所在地县级人民政府食品安全监督管理部门报告；需要对召回的食品进行无害化处理、销毁的，应当提前报告时间、地点。食品安全监督管理部门认为必要的，可以实施现场监督。

食品生产经营者未依照本条规定召回或者停止经营的，县级以上人民政府食品安全监督管理部门可以责令其召回或者停止经营。

第六十四条　食用农产品批发市场应当配备检验设备和检验人员或者委托符合本法规定的食品检验机构，对进入该批发市场销售的食用农产品进行抽样检验；发现不符合食品安全标准的，应当要求销售者立即停止销售，并向食品安全监督管理部门报告。

第六十五条　食用农产品销售者应当建立食用农产品进货查验记录制

度，如实记录食用农产品的名称、数量、进货日期以及供货者名称、地址、联系方式等内容，并保存相关凭证。记录和凭证保存期限不得少于六个月。

第六十六条　进入市场销售的食用农产品在包装、保鲜、贮存、运输中使用保鲜剂、防腐剂等食品添加剂和包装材料等食品相关产品，应当符合食品安全国家标准。

第三节　标签、说明书和广告

第六十七条　预包装食品的包装上应当有标签。标签应当标明下列事项：

（一）名称、规格、净含量、生产日期；

（二）成分或者配料表；

（三）生产者的名称、地址、联系方式；

（四）保质期；

（五）产品标准代号；

（六）贮存条件；

（七）所使用的食品添加剂在国家标准中的通用名称；

（八）生产许可证编号；

（九）法律、法规或者食品安全标准规定应当标明的其他事项。

专供婴幼儿和其他特定人群的主辅食品，其标签还应当标明主要营养成分及其含量。

食品安全国家标准对标签标注事项另有规定的，从其规定。

第六十八条　食品经营者销售散装食品，应当在散装食品的容器、外包装上标明食品的名称、生产日期或者生产批号、保质期以及生产经营者名称、地址、联系方式等内容。

第六十九条　生产经营转基因食品应当按照规定显著标示。

第七十条　食品添加剂应当有标签、说明书和包装。标签、说明书应当载明本法第六十七条第一款第一项至第六项、第八项、第九项规定的事项，以及食品添加剂的使用范围、用量、使用方法，并在标签上载明"食品添加剂"字样。

第七十一条　食品和食品添加剂的标签、说明书，不得含有虚假内容，不得涉及疾病预防、治疗功能。生产经营者对其提供的标签、说明书的内容负责。

食品和食品添加剂的标签、说明书应当清楚、明显，生产日期、保质期等事项应当显著标注，容易辨识。

食品和食品添加剂与其标签、说明书的内容不符的，不得上市销售。

第七十二条　食品经营者应当按照食品标签标示的警示标志、警示说明或者注意事项的要求销售食品。

第七十三条　食品广告的内容应当真实合法，不得含有虚假内容，不得涉及疾病预防、治疗功能。食品生产经营者对食品广告内容的真实性、合法性负责。

县级以上人民政府食品安全监督管理部门和其他有关部门以及食品检验机构、食品行业协会不得以广告或者其他形式向消费者推荐食品。消费者组织不得以收取费用或者其他牟取利益的方式向消费者推荐食品。

第八章　监督管理

第一百零九条　县级以上人民政府食品安全监督管理部门根据食品安全风险监测、风险评估结果和食品安全状况等，确定监督管理的重点、方式和频次，实施风险分级管理。

县级以上地方人民政府组织本级食品安全监督管理、农业行政等部门制定本行政区域的食品安全年度监督管理计划，向社会公布并组织实施。

食品安全年度监督管理计划应当将下列事项作为监督管理的重点：

（一）专供婴幼儿和其他特定人群的主辅食品；

（二）保健食品生产过程中的添加行为和按照注册或者备案的技术要求组织生产的情况，保健食品标签、说明书以及宣传材料中有关功能宣传的情况；

（三）发生食品安全事故风险较高的食品生产经营者；

（四）食品安全风险监测结果表明可能存在食品安全隐患的事项。

第一百一十条　县级以上人民政府食品安全监督管理部门履行食品安全监督管理职责，有权采取下列措施，对生产经营者遵守本法的情况进行监督检查：

（一）进入生产经营场所实施现场检查；

（二）对生产经营的食品、食品添加剂、食品相关产品进行抽样检验；

（三）查阅、复制有关合同、票据、账簿以及其他有关资料；

（四）查封、扣押有证据证明不符合食品安全标准或者有证据证明存在安全隐患以及用于违法生产经营的食品、食品添加剂、食品相关产品；

（五）查封违法从事生产经营活动的场所。

第一百一十一条　对食品安全风险评估结果证明食品存在安全隐患，需要制定、修订食品安全标准的，在制定、修订食品安全标准前，国务院卫生行政部门应当及时会同国务院有关部门规定食品中有害物质的临时限量值和临时检验方法，作为生产经营和监督管理的依据。

第一百一十二条　县级以上人民政府食品安全监督管理部门在食品安全监督管理工作中可以采用国家规定的快速检测方法对食品进行抽查检测。

对抽查检测结果表明可能不符合食品安全标准的食品，应当依照本法第八十七条的规定进行检验。抽查检测结果确定有关食品不符合食品安全标准的，可以作为行政处罚的依据。

第一百一十三条　县级以上人民政府食品安全监督管理部门应当建立食品生产经营者食品安全信用档案，记录许可颁发、日常监督检查结果、违法行为查处等情况，依法向社会公布并实时更新；对有不良信用记录的食品生产经营者增加监督检查频次，对违法行为情节严重的食品生产经营者，可以通报投资主管部门、证券监督管理机构和有关的金融机构。

第一百一十四条　食品生产经营过程中存在食品安全隐患，未及时采取措施消除的，县级以上人民政府食品安全监督管理部门可以对食品生产经营者的法定代表人或者主要负责人进行责任约谈。食品生产经营者应当立即采取措施，进行整改，消除隐患。责任约谈情况和整改情况应当纳入食品生产经营者食品安全信用档案。

第一百一十五条　县级以上人民政府食品安全监督管理等部门应当公布本部门的电子邮件地址或者电话，接受咨询、投诉、举报。接到咨询、投诉、举报，对属于本部门职责的，应当受理并在法定期限内及时答复、核实、处理；对不属于本部门职责的，应当移交有权处理的部门并书面通知咨询、投诉、举报人。有权处理的部门应当在法定期限内及时处理，不得推诿。对查证属实的举报，给予举报人奖励。

有关部门应当对举报人的信息予以保密，保护举报人的合法权益。举报人举报所在企业的，该企业不得以解除、变更劳动合同或者其他方式对举报人进行打击报复。

第一百一十六条　县级以上人民政府食品安全监督管理等部门应当加强对执法人员食品安全法律、法规、标准和专业知识与执法能力等的培训，并组织考核。不具备相应知识和能力的，不得从事食品安全执法工作。

食品生产经营者、食品行业协会、消费者协会等发现食品安全执法人员在执法过程中有违反法律、法规规定的行为以及不规范执法行为的，可以向本级或者上级人民政府食品安全监督管理等部门或者监察机关投诉、举报。接到投诉、举报的部门或者机关应当进行核实，并将经核实的情况向食品安全执法人员所在部门通报；涉嫌违法违纪的，按照本法和有关规定处理。

第一百一十七条　县级以上人民政府食品安全监督管理等部门未及时发现食品安全系统性风险，未及时消除监督管理区域内的食品安全隐患的，本级人民政府可以对其主要负责人进行责任约谈。

地方人民政府未履行食品安全职责，未及时消除区域性重大食品安全隐患的，上级人民政府可以对其主要负责人进行责任约谈。

被约谈的食品安全监督管理等部门、地方人民政府应当立即采取措施，对食品安全监督管理工作进行整改。

责任约谈情况和整改情况应当纳入地方人民政府和有关部门食品安全监督管理工作评议、考核记录。

第一百一十八条　国家建立统一的食品安全信息平台，实行食品安全信息统一公布制度。国家食品安全总体情况、食品安全风险警示信息、重大食品安全事故及其调查处理信息和国务院确定需要统一公布的其他信息由国务院食品安全监督管理部门统一公布。食品安全风险警示信息和重大食品安全事故及其调查处理信息的影响限于特定区域的，也可以由有关省、自治区、直辖市人民政府食品安全监督管理部门公布。未经授权不得发布上述信息。

县级以上人民政府食品安全监督管理、农业行政部门依据各自职责公布食品安全日常监督管理信息。

公布食品安全信息，应当做到准确、及时，并进行必要的解释说明，避免误导消费者和社会舆论。

第一百一十九条　县级以上地方人民政府食品安全监督管理、卫生行政、农业行政部门获知本法规定需要统一公布的信息，应当向上级主管部门报告，由上级主管部门立即报告国务院食品安全监督管理部门；必要时，可以直接向国务院食品安全监督管理部门报告。

县级以上人民政府食品安全监督管理、卫生行政、农业行政部门应当相互通报获知的食品安全信息。

第一百二十一条　县级以上人民政府食品安全监督管理等部门发现涉嫌食品安全犯罪的，应当按照有关规定及时将案件移送公安机关。对移送的案件，公安机关应当及时审查；认为有犯罪事实需要追究刑事责任的，应当立案侦查。

公安机关在食品安全犯罪案件侦查过程中认为没有犯罪事实，或者犯罪事实显著轻微，不需要追究刑事责任，但依法应当追究行政责任的，应当及时将案件移送食品安全监督管理等部门和监察机关，有关部门应当依法处理。

公安机关商请食品安全监督管理、生态环境等部门提供检验结论、认定意见以及对涉案物品进行无害化处理等协助的，有关部门应当及时提供，予以协助。

第九章　法律责任

第一百二十二条　违反本法规定，未取得食品生产经营许可从事食品生产经营活动，或者未取得食品添加剂生产许可从事食品添加剂生产活动的，由县级以上人民政府食品安全监督管理部门没收违法所得和违法生产经营的食品、食品添加剂以及用于违法生产经营的工具、设备、原料等物品；违法生产经营的食品、食品添加剂货值金额不足一万元的，并处五万元以上十万元以下罚款；货值金额一万元以上的，并处货值金额十倍以上二十倍以下罚款。

明知从事前款规定的违法行为，仍为其提供生产经营场所或者其他条件的，由县级以上人民政府食品安全监督管理部门责令停止违法行为，没收违法所得，并处五万元以上十万元以下罚款；使消费者的合法权益受到损害的，应当与食品、食品添加剂生产经营者承担连带责任。

第一百二十三条　违反本法规定，有下列情形之一，尚不构成犯罪的，由县级以上人民政府食品安全监督管理部门没收违法所得和违法生产经营的食品，并可以没收用于违法生产经营的工具、设备、原料等物品；违法生产经营的食品货值金额不足一万元的，并处十万元以上十五万元以下罚款；货值金额一万元以上的，并处货值金额十五倍以上三十倍以下罚款；情节严重的，吊销许可证，并可以由公安机关对其直接负责的主管人员和其他直接责任人员处五日以上十五日以下拘留：

（一）用非食品原料生产食品、在食品中添加食品添加剂以外的化学物质和其他可能危害人体健康的物质，或者用回收食品作为原料生产食品，或者经营上述食品；

（二）生产经营营养成分不符合食品安全标准的专供婴幼儿和其他特定人群的主辅食品；

（三）经营病死、毒死或者死因不明的禽、畜、兽、水产动物肉类，或者生产经营其制品；

（四）经营未按规定进行检疫或者检疫不合格的肉类，或者生产经营未经检验或者检验不合格的肉类制品；

（五）生产经营国家为防病等特殊需要明令禁止生产经营的食品；

（六）生产经营添加药品的食品。

明知从事前款规定的违法行为，仍为其提供生产经营场所或者其他条件的，由县级以上人民政府食品安全监督管理部门责令停止违法行为，没收违法所得，并处十万元以上二十万元以下罚款；使消费者的合法权益受到损害的，应当与食品生产经营者承担连带责任。

违法使用剧毒、高毒农药的，除依照有关法律、法规规定给予处罚外，可以由公安机关依照第一款规定给予拘留。

第一百二十四条　违反本法规定，有下列情形之一，尚不构成犯罪的，由县级以上人民政府食品安全监督管理部门没收违法所得和违法生产经营的食品、食品添加剂，并可以没收用于违法生产经营的工具、设备、原料等物品；违法生产经营的食品、食品添加剂货值金额不足一万元的，并处五万元以上十万元以下罚款；货值金额一万元以上的，并处货值金额十倍以上二十倍以下罚款；情节严重的，吊销许可证：

（一）生产经营致病性微生物，农药残留、兽药残留、生物毒素、重金属等污染物质以及其他危害人体健康的物质含量超过食品安全标准限量的食品、食品添加剂；

（二）用超过保质期的食品原料、食品添加剂生产食品、食品添加剂，或者经营上述食品、食品添加剂；

（三）生产经营超范围、超限量使用食品添加剂的食品；

（四）生产经营腐败变质、油脂酸败、霉变生虫、污秽不洁、混有异物、掺假掺杂或者感官性状异常的食品、食品添加剂；

（五）生产经营标注虚假生产日期、保质期或者超过保质期的食品、食品添加剂；

（六）生产经营未按规定注册的保健食品、特殊医学用途配方食品、婴幼儿配方乳粉，或者未按注册的产品配方、生产工艺等技术要求组织生产；

（七）以分装方式生产婴幼儿配方乳粉，或者同一企业以同一配方生产不同品牌的婴幼儿配方乳粉；

（八）利用新的食品原料生产食品，或者生产食品添加剂新品种，未通过安全性评估；

（九）食品生产经营者在食品安全监督管理部门责令其召回或者停止经营后，仍拒不召回或者停止经营。

除前款和本法第一百二十三条、第一百二十五条规定的情形外，生产经营不符合法律、法规或者食品安全标准的食品、食品添加剂的，依照前款规定给予处罚。

生产食品相关产品新品种，未通过安全性评估，或者生产不符合食品安全标准的食品相关产品的，由县级以上人民政府食品安全监督管理部门依照第一款规定给予处罚。

第一百二十五条　违反本法规定，有下列情形之一的，由县级以上人民政府食品安全监督管理部门没收违法所得和违法生产经营的食品、食品添加剂，并可以没收用于违法生产经营的工具、设备、原料等物品；违法生产经营的食品、食品添加剂货值金额不足一万元的，并处五千元以上五万元以下罚款；货值金额一万元以上的，并处货值金额五倍以上十倍以下罚款；情节严重的，责令停产停业，直至吊销许可证：

（一）生产经营被包装材料、容器、运输工具等污染的食品、食品添加剂；

（二）生产经营无标签的预包装食品、食品添加剂或者标签、说明书不符合本法规定的食品、食品添加剂；

（三）生产经营转基因食品未按规定进行标示；

（四）食品生产经营者采购或者使用不符合食品安全标准的食品原料、食品添加剂、食品相关产品。

生产经营的食品、食品添加剂的标签、说明书存在瑕疵但不影响食品安全且不会对消费者造成误导的，由县级以上人民政府食品安全监督管理部门责令改正；拒不改正的，处二千元以下罚款。

第一百二十六条　违反本法规定，有下列情形之一的，由县级以上人民政府食品安全监督管理部门责令改正，给予警告；拒不改正的，处五千元以上五万元以下罚款；情节严重的，责令停产停业，直至吊销许可证：

（一）食品、食品添加剂生产者未按规定对采购的食品原料和生产的食品、食品添加剂进行检验；

（二）食品生产经营企业未按规定建立食品安全管理制度，或者未按规定配备或者培训、考核食品安全管理人员；

（三）食品、食品添加剂生产经营者进货时未查验许可证和相关证明文件，或者未按规定建立并遵守进货查验记录、出厂检验记录和销售记录制度；

（四）食品生产经营企业未制定食品安全事故处置方案；

（六）食品生产经营者安排未取得健康证明或者患有国务院卫生行政部门规定的有碍食品安全疾病的人员从事接触直接入口食品的工作；

（七）食品经营者未按规定要求销售食品；

（八）保健食品生产企业未按规定向食品安全监督管理部门备案，或者未按备案的产品配方、生产工艺等技术要求组织生产；

（九）婴幼儿配方食品生产企业未将食品原料、食品添加剂、产品配方、标签等向食品安全监督管理部门备案；

（十）特殊食品生产企业未按规定建立生产质量管理体系并有效运行，或者未定期提交自查报告；

（十一）食品生产经营者未定期对食品安全状况进行检查评价，或者生产经营条件发生变化，未按规定处理；

（十三）食品生产企业、餐饮服务提供者未按规定制定、实施生产经营过程控制要求。

食品相关产品生产者未按规定对生产的食品相关产品进行检验的，由县级以上人民政府食品安全监督管理部门依照第一款规定给予处罚。

食用农产品销售者违反本法第六十五条规定的，由县级以上人民政府食品安全监督管理部门依照第一款规定给予处罚。

第一百二十七条　对食品生产加工小作坊、食品摊贩等的违法行为的处罚，依照省、自治区、直辖市制定的具体管理办法执行。

第一百三十条　违反本法规定，集中交易市场的开办者、柜台出租者、展销会的举办者允许未依法取得许可的食品经营者进入市场销售食品，或者未履行检查、报告等义务的，由县级以上人民政府食品安全监督管理部门责令改正，没收违法所得，并处五万元以上二十万元以下罚款；造成严重后果的，责令停业，直至由原发证部门吊销许可证；使消费者的合法权益受到损害的，应当与食品经营者承担连带责任。

食用农产品批发市场违反本法第六十四条规定的，依照前款规定承担责任。

第一百三十一条　违反本法规定，网络食品交易第三方平台提供者未对入网食品经营者进行实名登记、审查许可证，或者未履行报告、停止提供网络交易平台服务等义务的，由县级以上人民政府食品安全监督管理部门责令改正，没收违法所得，并处五万元以上二十万元以下罚款；造成严重后果的，责令停业，直至由原发证部门吊销许可证；使消费者的合法权益受到损害的，应当与食品经营者承担连带责任。

消费者通过网络食品交易第三方平台购买食品，其合法权益受到损害的，可以向入网食品经营者或者食品生产者要求赔偿。网络食品交易第三方平台提供者不能提供入网食品经营者的真实名称、地址和有效联系方式的，由网络食品交易第三方平台提供者赔偿。网络食品交易第三方平台提供者赔偿后，有权向入网食品经营者或者食品生产者追偿。网络食品交易第三方平台提供者做出更有利于消费者承诺的，应当履行其承诺。

第一百三十二条　违反本法规定，未按要求进行食品贮存、运输和装卸的，由县级以上人民政府食品安全监督管理等部门按照各自职责分工责令改正，给予警告；拒不改正的，责令停产停业，并处一万元以上五万元以下罚款；情节严重的，吊销许可证。

第一百三十三条　违反本法规定，拒绝、阻挠、干涉有关部门、机构及其工作人员依法开展食品安全监督检查、事故调查处理、风险监测和风险评估的，由有关主管部门按照各自职责分工责令停产停业，并处二千元以上五万元以下罚款；情节严重的，吊销许可证；构成违反治安管理行为的，由公安机关依法给予治安管理处罚。

违反本法规定，对举报人以解除、变更劳动合同或者其他方式打击报复的，应当依照有关法律的规定承担责任。

第一百三十四条　食品生产经营者在一年内累计三次因违反本法规定受到责令停产停业、吊销许可证以外处罚的，由食品安全监督管理部门责令停产停业，直至吊销许可证。

第一百三十五条　被吊销许可证的食品生产经营者及其法定代表人、直接负责的主管人员和其他直接责任人员自处罚决定做出之日起五年内不得申请食品生产经营许可，或者从事食品生产经营管理工作、担任食品生产经营企业食品安全管理人员。

因食品安全犯罪被判处有期徒刑以上刑罚的，终身不得从事食品生产经营管理工作，也不得担任食品生产经营企业食品安全管理人员。

食品生产经营者聘用人员违反前两款规定的，由县级以上人民政府食品安全监督管理部门吊销许可证。

第一百三十六条　食品经营者履行了本法规定的进货查验等义务，有充分证据证明其不知道所采购的食品不符合食品安全标准，并能如实说明其进货来源的，可以免予处罚，但应当依法没收其不符合食品安全标准的食品；造成人身、财产或者其他损害的，依法承担赔偿责任。

第一百三十八条　违反本法规定，食品检验机构、食品检验人员出具虚假检验报告的，由授予其资质的主管部门或者机构撤销该食品检验机构的检验资质，没收所收取的检验费用，并处检验费用五倍以上十倍以下罚款，检验费用不足一万元的，并处五万元以上十万元以下罚款；依法对食品检验机构直接负责的主管人员和食品检验人员给予撤职或者开除处分；导致发生重大食品安全事故的，对直接负责的主管人员和食品检验人员给予开除处分。

违反本法规定，受到开除处分的食品检验机构人员，自处分决定做出之日起十年内不得从事食品检验工作；因食品安全违法行为受到刑事处罚或者因出具虚假检验报告导致发生重大食品安全事故受到开除处分的食品检验机构人员，终身不得从事食品检验工作。食品检验机构聘用不得从事食品检验工作的人员的，由授予其资质的主管部门或者机构撤销该食品检验机构的检验资质。

食品检验机构出具虚假检验报告，使消费者的合法权益受到损害的，应当与食品生产经营者承担连带责任。

第一百三十九条　违反本法规定，认证机构出具虚假认证结论，由认证认可监督管理部门没收所收取的认证费用，并处认证费用五倍以上十倍以下罚款，认证费用不足一万元的，并处五万元以上十万元以下罚款；情节严重的，责令停业，直至撤销认证机构批准文件，并向社会公布；对直接负责的主管人员和负有直接责任的认证人员，撤销其执业资格。

认证机构出具虚假认证结论，使消费者的合法权益受到损害的，应当与食品生产经营者承担连带责任。

第一百四十条　违反本法规定，在广告中对食品做虚假宣传，欺骗消费者，或者发布未取得批准文件、广告内容与批准文件不一致的保健食品广告的，依照《中华人民共和国广告法》的规定给予处罚。

广告经营者、发布者设计、制作、发布虚假食品广告，使消费者的合法权益受到损害的，应当与食品生产经营者承担连带责任。

社会团体或者其他组织、个人在虚假广告或者其他虚假宣传中向消费者推荐食品，使消费者的合法权益受到损害的，应当与食品生产经营者承担连带责任。

违反本法规定，食品安全监督管理等部门、食品检验机构、食品行业协会以广告或者其他形式向消费者推荐食品，消费者组织以收取费用或者其他牟取利益的方式向消费者推荐食品的，由有关主管部门没收违法所得，依法对直接负责的主管人员和其他直接责任人员给予记大过、降级或者撤职处分；情节严重的，给予开除处分。

对食品做虚假宣传且情节严重的，由省级以上人民政府食品安全监督管理部门决定暂停销售该食品，并向社会公布；仍然销售该食品的，由县级以上人民政府食品安全监督管理部门没收违法所得和违法销售的食品，并处二万元以上五万元以下罚款。

第一百四十二条 违反本法规定，县级以上地方人民政府有下列行为之一的，对直接负责的主管人员和其他直接责任人员给予记大过处分；情节较重的，给予降级或者撤职处分；情节严重的，给予开除处分；造成严重后果的，其主要负责人还应当引咎辞职：

（一）对发生在本行政区域内的食品安全事故，未及时组织协调有关部门开展有效处置，造成不良影响或者损失；

（二）对本行政区域内涉及多环节的区域性食品安全问题，未及时组织整治，造成不良影响或者损失；

（三）隐瞒、谎报、缓报食品安全事故；

（四）本行政区域内发生特别重大食品安全事故，或者连续发生重大食品安全事故。

第一百四十三条 违反本法规定，县级以上地方人民政府有下列行为之一的，对直接负责的主管人员和其他直接责任人员给予警告、记过或者记大过处分；造成严重后果的，给予降级或者撤职处分：

（一）未确定有关部门的食品安全监督管理职责，未建立健全食品安全全程监督管理工作机制和信息共享机制，未落实食品安全监督管理责任制；

（二）未制定本行政区域的食品安全事故应急预案，或者发生食品安全事故后未按规定立即成立事故处置指挥机构、启动应急预案。

第一百四十四条 违反本法规定，县级以上人民政府食品安全监督管理、卫生行政、农业行政等部门有下列行为之一的，对直接负责的主管人员和其他直接责任人员给予记大过处分；情节较重的，给予降级或者撤职处分；情节严重的，给予开除处分；造成严重后果的，其主要负责人还应当引咎辞职：

（一）隐瞒、谎报、缓报食品安全事故；

（二）未按规定查处食品安全事故，或者接到食品安全事故报告未及时处理，造成事故扩大或者蔓延；

（三）经食品安全风险评估得出食品、食品添加剂、食品相关产品不安全结论后，未及时采取相应措施，造成食品安全事故或者不良社会影响；

（四）对不符合条件的申请人准予许可，或者超越法定职权准予许可；

（五）不履行食品安全监督管理职责，导致发生食品安全事故。

第一百四十五条　违反本法规定，县级以上人民政府食品安全监督管理、卫生行政、农业行政等部门有下列行为之一，造成不良后果的，对直接负责的主管人员和其他直接责任人员给予警告、记过或者记大过处分；情节较重的，给予降级或者撤职处分；情节严重的，给予开除处分：

（一）在获知有关食品安全信息后，未按规定向上级主管部门和本级人民政府报告，或者未按规定相互通报；

（二）未按规定公布食品安全信息；

（三）不履行法定职责，对查处食品安全违法行为不配合，或者滥用职权、玩忽职守、徇私舞弊。

第一百四十六条　食品安全监督管理等部门在履行食品安全监督管理职责过程中，违法实施检查、强制等执法措施，给生产经营者造成损失的，应当依法予以赔偿，对直接负责的主管人员和其他直接责任人员依法给予处分。

第一百四十七条　违反本法规定，造成人身、财产或者其他损害的，依法承担赔偿责任。生产经营者财产不足以同时承担民事赔偿责任和缴纳罚款、罚金时，先承担民事赔偿责任。

第一百四十八条　消费者因不符合食品安全标准的食品受到损害的，可以向经营者要求赔偿损失，也可以向生产者要求赔偿损失。接到消费者赔偿要求的生产经营者，应当实行首负责任制，先行赔付，不得推诿；属于生产者责任的，经营者赔偿后有权向生产者追偿；属于经营者责任的，生产者赔偿后有权向经营者追偿。

生产不符合食品安全标准的食品或者经营明知是不符合食品安全标准的食品，消费者除要求赔偿损失外，还可以向生产者或者经营者要求支付价款十倍或者损失三倍的赔偿金；增加赔偿的金额不足一千元的，为一千元。但是，食品的标签、说明书存在不影响食品安全且不会对消费者造成误导的瑕疵的除外。

第一百四十九条　违反本法规定，构成犯罪的，依法追究刑事责任。